新装版

# 生き方楽々
# ホ・オポノポノ

# The Easiest Way

Special Edition

Mabel Katz

マベル・カッツ

小林美香＝訳

ヒカルランド

人生とは古い記憶《プログラム》の再現です。
頭の中で24時間再生され続けているようなもの。
これらを消去・クリーニングすることで、
反応や執着から解放され、
幸せを引き寄せるようになっていきます。

クリーニングはとてもシンプルです。

誰かに不当な扱いを受けたと思ったとき、
言い返す代わりに、心の中で
「愛しています」「ありがとう」という言葉を
気が済むまで繰り返してください。

「ごめんなさい。許してください。
こんな状況／問題を作り出したのは、ほかの誰でもなく
私なのです」と心の中で許しを請うことで、
あなた自身は１００％の責任を取ることになります。

あなたから削除された記憶は、
ほかの人、家族や親戚、先祖、
そして地球からも消去されます。
記憶はすべて私たちの中にあるので、
たとえその場にいなくとも
ほかの人たちからも消去されるのです。

クリーニングすると、
正しい情報を入れるための
空きスペースが生まれます。
心を開いてさらに繰り返すことで、
私たちの人生にインスピレーションも訪れ、
正しい道へと導いてくれるようになります。

期待から心を自由にして、すべてを
ゆだねるという意思を神様に示せば、
絶好のタイミングで、あなたにとって
完璧にふさわしい幸運が訪れるでしょう。
人生の一瞬一瞬に起こっている
奇跡を実感できるのです。

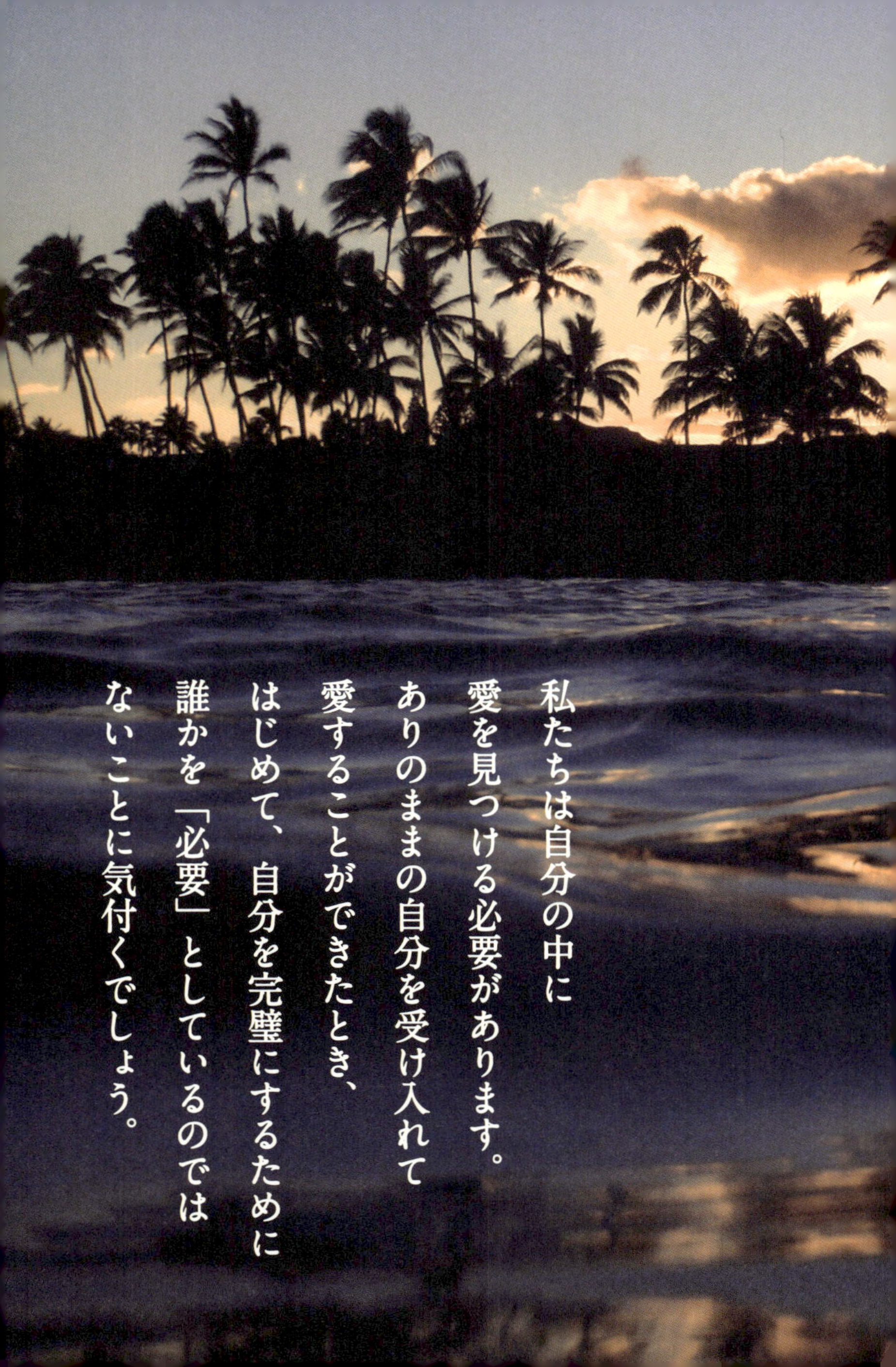

私たちは自分の中に
愛を見つける必要があります。
ありのままの自分を受け入れて
愛することができたとき、
はじめて、自分を完璧にするために
誰かを「必要」としているのでは
ないことに気付くでしょう。

私たちに与えられた選択肢は二つだけです。
ありのままの自分として生きるか、
古い記憶《プログラム》に従って生きるのか。
私たちがこの世で存在する理由はただ一つ、
本当の自分を見つけることなのです——。

# 献辞

最愛の息子たち、ライオネルとジョナサンへ。あなたたちは私にとって何よりの誇りです。幸せになるための最も簡単な方法を私よりもずっと早く見つけてくれることを心から願って、この本を捧げます。

# はじめに

## ホ・オポノポノの一番簡単な方法を実践して、何ごとにも影響されない自由で平和な自分に変わる

大きな秘密を胸に抱きながら、私は大人に成長しました。欲しいものを手に入れる方法については知っているつもりでしたが、それと同時に「そのためには血のにじむような努力をしなければならない、つまりとてつもなく高い代償を払わなければならない」と信じ込んでいたのです。

大人になった私は、物質的にも感情面においても欲しいものはすべて

手に入れていました。新居に新しい車、好きなところへ旅したり、欲しいものを何でも買ったりするための資金、やさしい夫、二人の素晴らしい子供にも恵まれていました。でも私は幸せではありませんでした。それどころか、その頃の私はとても怒りっぽい人間だったのです。

ある日私は、この憤りと怒りが長男のジョナサンへと受け継がれているのに気付いたのです。それはとてもショックな出来事でした。おかげですっかり目が覚めた私は、自分に言い聞かせたのです。「マベル、何か手を打たなければ。このままではダメになってしまう。何とかして変わらなければいけない」

その瞬間から私の探求の旅が始まったのです。最初に受講したのが、怒りについてのセミナーでした。ビル博士という方が講師を務めていましたが、彼から学んだすべてのことに対して心から感謝しています。その後、アナという先生のもとでヨガとビジュアライゼーション（視覚化によるイメージ・トレーニング）を練習しました。そのおかげで自分の中にあるとてつもないパワーと結びついて、欲しいものを作り出したり、引き寄せたりすることができるようになりました。そして最も劇的な変化を経験したのは、友人のミルタが形而上学の本を貸してくれたときです。それは信じられないほど素晴らしい本で私の目を覚まさせてくれました。その本にはイエスについてたくさんのことが書かれていましたが（ちなみに私はユダヤ人の家系の出身です）、とても興味深い内容で、読み終えるのが惜しいほど。本当なら一日で全部読み終えたいほどでした。

本に書かれている技法を実践してみたところ、実際に効果がありました。この体験が、自分の中にあるパワーによって変化を起こすことができるということ、そしてほかの人やものに頼る必要がないことを再確認させてくれたのです。私は思いました。

「これは何かとてつもなく重大なことに違いない」。そして心臓の鼓動の仕方までが以前とは変わってしまったのです。私はかつてないほど幸せでした。言葉では到底言い表せない内なる幸福を感じていたのです。もっと認識を深めるために、この幸せを絶対絶やさずに、実感して、経験しなければならないと思いました。

そしてリバーシング（訳注：出生を再体験することで過去の記憶から精神的に解放されるための療法）などの様々なメソッドを試しているうちに、ハワイに古代から伝わる問題解決法であるホ・オポノポノに出会ったのです。ホ・オポノポノの教えのおかげで、私は「生きることは簡単である」こと、少なくとも自分が考えていたよりもずっと簡単であることを発見しました。あれこれと探求を続けた結果、ついに自分の道を見つけたのです。ホ・オポノポノの技法のおかげで、嵐のまっただ中でも平和な心を保つことができるようになりました。

さらにホ・オポノポノを実践すれば、自分のまわりで何が起きていようとも、ほかの人がどんなことをしたり、言ったりしようとも、決して影響されない自由な状態を保つことができます。だからこそ、自分が今まで学んできたことをこの本の中で皆さんと分かち合いたいと思ったのです。

こんなに素晴らしい機会を持てたことを心から感謝しています。

［新装版］生き方楽々ホ・オポノポノ　目次

## Step1　本当の自分って何？

### ——すべては自分次第、本来は思いのままに現実化させることができるのです



## Step2　何か問題が起きたとき……

### ——これは与えられたチャンス、こんどこそ反応・執着を手放しましょう

装丁　鈴木成一デザイン室
本文図版　浅田恵理子
本文写真　潮千穂（©Chiho Ushio 2011）
本文仮名書体　蒼穹仮名（キャップス）

# プロローグ

## 幸せな経験を引き寄せる！
## 人生に必要のない古い記憶のクリーニングを始めましょう

かつて、私の師であるイハレアカラ博士が、ハワイに伝わる創世の物語について教えてくれました。それはこんな話でした。神様はこの地球を創造して、アダムとイブを地上に住まわせることにしました。神様は二人に、ここは天国だから何も心配することはない、必要なものはすべて与えよう、そうおっしゃいました。さらに神からの贈り物として、二人に自分の意思で物事を決める選択の機会を与えることを告げました。それはつまり、「自由意思」という名のプレゼントだったのです。それから神様はリンゴの木を作り、彼らにこう言いました。「これは、『知恵』の実と呼ばれているが、汝らが必要とすることはない。欲しいものはすべて私が授けるのだから。だから気にする必要はないが、私の元にとどまるか、それとも自分で選んだ道をゆくのかを選択するがよい」

ここで私が明確にしておきたいのは、問題は二人がリンゴを食べたことではなかった、という点です。本当に問題なのは、神に問いただされたときにアダムが、自分の責任を認めて「ごめんなさい」と謝らずに、「イブが食べさせたのです」と言い訳したことです。そのせいで、彼は人間として最初の使命を課せられたのです。私たちもアダムのように絶えずリンゴをかじっています。自分の判断が一番正しいのだと、信じ込んでいるからです。私たちはもっとほかのやり方があることに気が付いていません。実はもっと簡単な方法があるということに。

エックハルト・トールは、著書『さとりをひらくと人生はシンプルで楽になる』（徳間書店）の中でこう書いています。「人間のエゴが最も顕著に現れるのは、財産や仕事、社会的地位、知名度、知識や教育、外見、個人や家族の経歴などに関係のあるときだ……しかし、これらのどれ一つとして、あなた自身のことではない。そう言われて、怖いと感じるか、それとも安心するだろうか？　そんなものは全部、遅かれ早かれ捨てざるを得ないときがやってくる……遅くとも死期が近くなれば気が付くだろう。死は人間の本質以外のものをすべてはぎ取ってしまう。つまり人生の秘訣は『死を迎える前に死んでおく』こと、そして『死』などというものは存在しないと気付くことなのだ」

その後で彼はこうも言っています。「幸いなことに人間は精神から自分を解放できる」。つまりトールは私たちの頭の中で絶えず話しかけてくる声のことを言っているのです。「その声は、批評や推測をし、裁定や比較をし、不平を言い、好き嫌いを決めたりするが、それがそのとき自分が置かれている状況にふさわしい意見だとは限らない。最近あったことやずっと昔の出来事を呼び起こしているのかもしれないし、将来起こりそうな状況の予行演習や想像であるかもしれないのだ」

人生とは記憶の再現です。例えばメモリーチップや録音テープが頭の中で24時間再生され続けているようなもので、しかも自分でも気が付かないうちに、私たちはそれによってつき動かされ、影響を受けているのです。この存在を避けることはできませんが、再生を「停止」させることは可能です。

では、ここでまず、本書の中で使っている専門用語や概念について説明しておきましょう。それらの多くの言葉は、古くより伝わるホ・オポノポノの教えに基づいています。本書の最終章では、ホ・オポノポノ独特の技法やツールについて詳しく説明してあります。ホ・オポノポノは、先ほど述べた録音テープの消去法や、もはや人生に必要のない、あるいは役に立たなくなったチップをどうやって処分すればよいのかを私たちに教えてくれます。そうすることで自分を覆っていた霧を晴らす方法が理解できるのです。プログラムの消去と整理ができてはじめて、私たちは自分とは何者であるか、そしてどんなパワーを秘めているのかを自覚することができます。古い記憶を消去し、クリーニングし、そして削除することで、トランスミューテーション（変化）を起こして、真の自己としての経験を始めることができるのです。

ホ・オポノポノは、「許し」と「後悔」と「変化」の過程です。ツールを使って実践を行うとき、私たちは１００％の自己責任を持ち、（自分自身に対して）許しを請います。そして人生で起こる出来事はすべて自分自身の「プログラム」の投影だと気付きます。その古い「プログラム」を捨て去って客観視するか、それとも再生される度に反応することによってどんどん泥沼に陥っていくのかは、自分自身が決めることなのです。

私たちはみな、デリート（削除）キーという消去のためのツールを生まれつき備えていますが、その使い方を忘れているのです。ホ・オポノポノは、消去（削ぎ落とす）か反応するのか、ひいては幸せになるか苦悩するか、自分で選択する能力を私たちが持っていたことを思い出させてくれます。それは、人生のあらゆる場面で何を選択するかというだけの問題なのです。この本の中で私が「クリーニング」もしくは「消去」という言葉を使うとき、それは問題を作り出している記憶や思考を消去する、ホ・オポノポノのツールを意味しています。

さらに本書を通してインディゴ・チルドレンという存在が何度も登場します。地球とは別の惑星で生まれた彼らは、自分が何者であるか、なぜこの星にやって来たのか、そして自分に課せられた使命とは何なのかをはっきりと自覚しているのです。また自分の仲間の存在にも非常に敏感で、お互いがテレパシーを使って交信します。超能力を持っているインディゴ・チルドレンは、私たちに真実の愛とは何かを語りかけています。私たち自身が愛そのものだと教えてくれているのです。

もう一つ明確にしておきたいのは、私が神という言葉を使うとき、それは宗教的な意味を持っているわけではないということです。私にとって神とは、人間の内面にある全知の部分を意味しています。この存在は定義することが難しく、名前もありません。経験によってしか、実感できない部分だからです。さらに読者の皆さんは本書を読み進めるうちに、私が神と愛という言葉を同じ意味で使っていることに気付くと思いますが、その存在は無条件の愛であり、あらゆるものを癒す力を持っています。すべての疑問に対する答え、それが愛なのです。

さらに私はイエスの言葉も引用していますが、それにも宗教的な意味合いはありません。どんなときにも、目を覚まして真実を見るようにと私たちに教えようとしてくれた師がいたことを思い出してほしいのです。例えばイエスは、頬を打たれたらもう一方の頬も差し出せと言いました。この考え方については現代でも理解することが難しいかもしれません。ですが、私たちが反応する代わりに消去(解放)するということは、もう一方の頬を、愛という名の頬を差し出しているのと同じなのです。反発ではなく解放する、つまりそれはもう一方の頬を差し出すことなのです。

このセクションでは本書で私が伝えようとしている基本概念についての簡単な説明をしてきましたが、その目的は私の出発点を明確に理解してもらいたかったからです。読者の皆さんがこの本を読んで、内なる自由と平和、そして全人類の遺産である愛を実感し、それとともに生きる選択をするための技法やツール、知識の宝庫を発見してくれることが私の願いです。

## 【Q&A1.】 ホ・オポノポノって何ですか？

ホ・オポノポノは、ハワイに古くから伝わる問題解決法です。ハワイの先住民たちがこの方法を実践していましたが、私のホ・オポノポノの師であるイハレアカラ・ヒューレン博士によれば、彼らの祖先は他の銀河系からハワイへとやって来たということです。

ほかの土地と同様にハワイでも多種多様な宗教が実践されています。つまりハワイの人全員がホ・オポノポノを実践しているわけではありません。ハワイに住む人でもホ・オポノポノという名前を聞いたことのない人もいます。

ヒューレン博士の師であるモナ・シメオナ女史が、この伝統的な教えを私たち現代人が活用できるように新しい内容に作り変えました。

かつては家庭の中で行われていて、それぞれが親や子や兄弟など家族に許しを請うといった形をとっていましたが、現代では一人でも実践できます。他人に対する自分の考え、そして他人に関する自分の記憶について100％の責任を取って、そうした記録をクリーニングするだけでいいのです。あなたからデリート（削除）された記憶はほかの人、家族や親戚、先祖、そして地球からも消去されます。すべてのものからデリートされるわけです。自宅で一人でもできるので、直接ほかの人に許しを請う必要などはありません。記憶はすべて私たちの中にあるので、クリーニングをすることで私たちから消去された記憶は、たとえその場にいなくともほかの人たちの中からも消去されるのです。

ホ・オポノポノという言葉には「間違いを正す」、「誤りを修正する」といった意味があります。

私たちが人生において直面するすべてのことは記憶であり、プログラムの再生（エラー）であって、私たちの人生に繰り返し現れることによって私たちにその記憶を捨て去り、クリーニングとデリートを行う機会を与えてくれます。

つまりホ・オポノポノは、私たちのコンピュータのキーボードのデリート・キーなのです。

間違って入力をしたときに、コンピュータのモニターに向かって「これまで何度もこの言葉を入力するよう言ったかわかっているのか」と文句を言う人はいませんね。なぜならモニターにはどうすることもできないからです。一日中モニターに話しかけることもできますが、モニターは「一体この人は自分にどうしてほしいんだろう？」とポカンとするだけでしょう。

何かを変えたければ、まずはデリートを行って、正しい情報を入れるための空きスペースを作らなければなりません。

ホ・オポノポノは私たちを空っぽの状態、ゼロに戻してくれます。そうすることで私たちの人生にインスピレーションが訪れ、正しい道へと導いてくれるようになるのです。人生にもたらされるインスピレーションの導きのおかげで、私たちは適切な場所に適切なタイミングでいることができるのです。

私たちが存在する理由はただ一つ、
自分自身を見つけるためなのです。
――イハレアカラ・ヒューレン博士

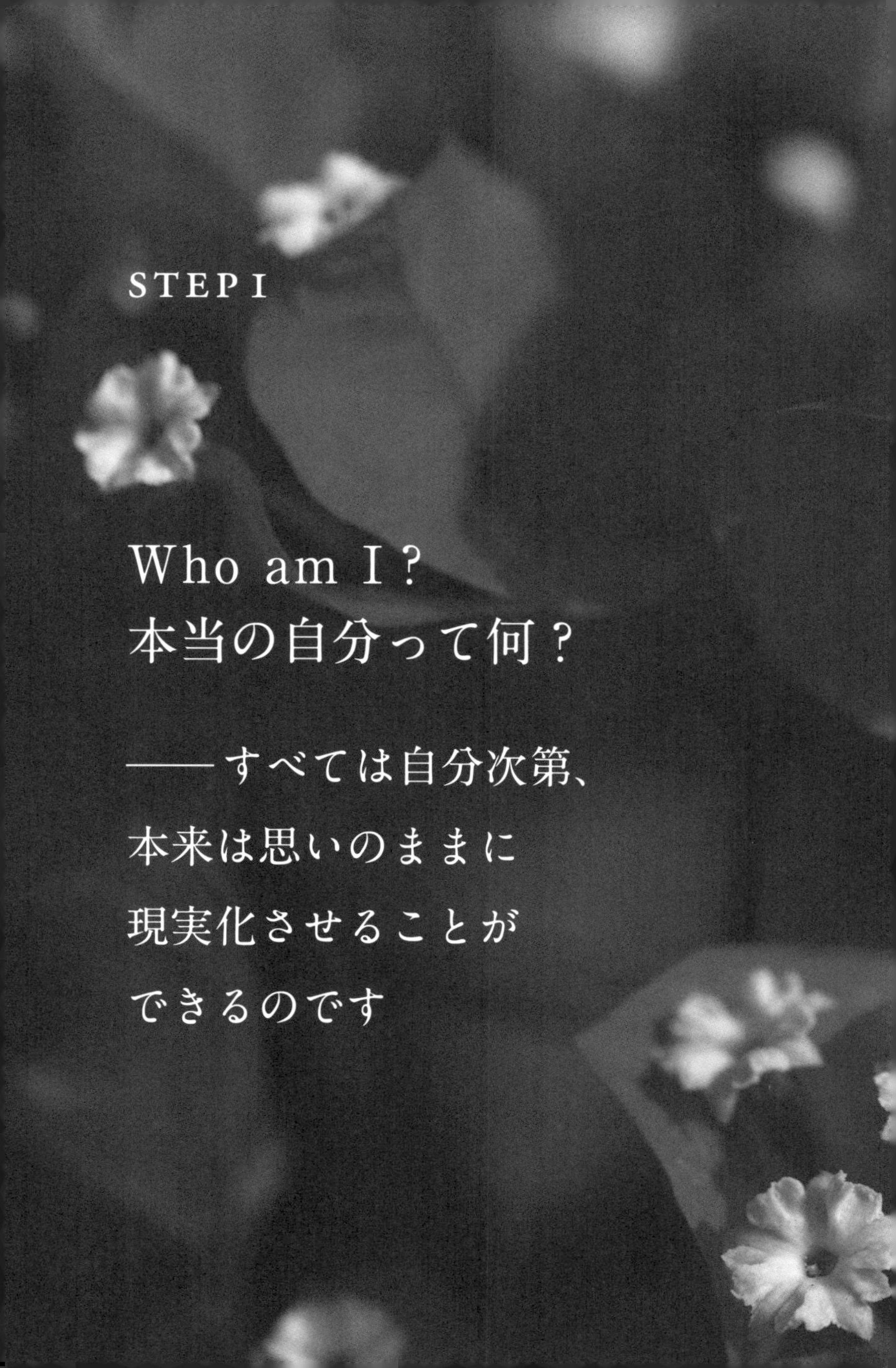

STEP I

# Who am I?
# 本当の自分って何?

――すべては自分次第、
本来は思いのままに
現実化させることが
できるのです

ある大学教授が禅師のもとを訪れて言いました。

「どうも初めまして。スミスと申します。まず私の経歴についてですが、○○大学を卒業後、大学院に進み、○○の研究で博士号を取得しまして、現在は○○大学で教授をしています。この度は仏教について学びたいと思い、こちらに伺いました」

するると禅師が答えました。「どうぞお座りください」

「はい」

「お茶でもいかがですか？」

「ありがとうございます」

禅師は湯飲みにお茶をつぎ始めましたが、湯飲みが一杯になってあふれ出してもまだ手を止めようとはしません。

「おやおや、湯飲みからお茶があふれていますよ！」。教授が声を上げました。

そこで禅師の言うことには、「その通り。だがあなたもこの湯飲みと同じで中身が一杯で、どんどんあふれ出しています。そんな状態の人に何を教えられるでしょうか。あなたの頭はすでにあらゆる知識で一杯になっている。頭を空っぽにして心を開いた状態でなければ、私が何を教えても無駄でしょう」

私も、これまでの人生の大部分をこの教授のような自己認識に基づいて生きてきました。名前はマベル、ユダヤ系アルゼンチン人、妻であり母であり、会計士である……などと、肩書きや社会的役割によって自分を定義していたのです。頭脳という名のカップは知識で一杯でしたが、結果的にそれは本当の自分から私を遠ざけていたのです。

かつての私は目で見える物や手で触れられる物しか信じていませんでした。神秘思想について語る人たちなんて、みんな口からでまかせばかり言っている、世の中からはみ出した「とんだ変わり者」か「異端者」だと思っていたのです。こうした考え方のせいで、私は人生の苦悩を嫌と言うほど味わう羽目に陥りました。

ですが自分が単なる物理的肉体以上の存在であることに気付いたとき、無限の可能性に満ちた新しい世界が、「鉄格子」のない世界が私の前に開けたのです。そして人間の思考が持つパワーに気付き、人生の真理を理解することが可能になりました。


こうした鉄格子の中で人生を送っている人は大勢います。この不可視の鉄格子は、目には見えませんがその存在を感じることはできます。私たちの固定観念や判断や意見、そして私たちが自己だと思い込んでいる意識の総体のほとんどが実はこの鉄格子なのです。

本当の自己を意識的に見つめることを決意したまさにその瞬間に鉄格子は開き、自分が自由であること、実際はこれまでもずっと自由であったことに私たちは気付きます。こうして私たちは自ら作り上げた牢獄から脱出することができるのです。

私たちは人間であると教えられ、それを信じることに決めました。もし私たちが自分はまったく無力で無防備な存在であると思い込めば、その考え方が人生においてそっくりそのまま現実化されます。でも私たちは自分自身の王国の君主なのですから、本当はすべて思いのままに創造して現実化させることができます。つまりすべては自分次第なのです。

私たちの誰もが、神の化身として生み出された神の子供、つまり創造者なのです。ではどんな方法で創造すればいいのでしょうか？　それはいたって簡単で、自分自身の思考を使えばいいのです。

本書のプロローグでインディゴ・チルドレンについて触れましたが、インディゴ・チルドレンのメッセージの多くはジェームス・トワイマンを通して送られてくるのです。トワイマンはほとんどの場合テレパシーを使って彼らと対話していますが、インディゴ・チルドレンは「プリテンディング」、つまりふりをすることの必要性を私たちにこう教えてくれています。

「悟りに達したように振る舞おう。神に愛されているごとく振る舞おう。あるがままの自分で十分完璧だというふりをしよう。そして深呼吸をして、『真実を見つけたように振る舞おう』。そうすればすべての意味が解明されるだろう。真実を見つけたふりをすることで、その経験した真実が自動的にあなたの人生に引き寄せられるのだ」

自分とは一体何者なのか？　人生を生きる上で自分自身に問いかけるべき質問はこれだけなのです。自己の本質とアイデンティティ（独自性）を見つけることこそが私たち人間の存在理由といえます。自分自身の発見は非常に重要な命題ですが、唯一の悩みでもあり、唯一の目標なのです。

私は現在、古代から伝わるハワイの秘法ホ・オポノポノを自ら実践しながら講演活動を行っていますが、この教えのおかげで、私たちの心は超意識 Aumakua（アウマクア）、顕在意識 Uhane（ウハネ）、潜在意識 Unihipili（ウニヒピリ）の三つの部分で成り立っていることを学びました。その結果として、人間の心のメカニズムについて、以前より多くのことを理解できるようになったと思います。

●超意識（アウマクア）は私たちのスピリチュアル的側面です。心の中のこの部分はたとえ何が起ころうと常に完璧な状態にあります。どんなときでも智見に富み、明確な自覚を持った部分なのです。

●顕在意識（ウハネ）の部分は、いわゆる理性と呼ばれる精神的な側面です。自由意思という恩恵にあずかっている人間という存在にとって、この選択能力を持ったこの部分は非常に重要です。人生はいつも選択の連続ですが、私たちは一体何を選んでいるのでしょうか？

まず私たちは問題が起きたときにそれに対抗することに時間を費やすか、あるいは私たちの中の「問題解決について詳しく知っている部分」に任せるかを選択することができます。さらには自分が何も知らない無知な存在である（そして知る必要などない）ことを認めるか、それとは反対に、自分は神様より多くのことを知っているので自分ですべて解決できると考えたいのか選ぶこともできるのです。

顕在意識は「ごめんなさい。ごめんなさい。こんな状況／問題を作り出したのは、ほかの誰でもなく私なのです」と言うことによって100％の責任を負う（ホ・オポノポノの教え）か、ほかの誰かを名指しして非難するかを決断する部分なのです。理性は「知る」ために作り出されたのではありません。理性は神様から私たちに送られた「選択の自由」なのです。
●潜在意識（ウニヒピリ）は私たちの感情的側面であり、インナーチャイルドです。この部分にすべての記憶が蓄積されているのですが、私たちの心の中で極めて重要な部分であるにかかわらず、いつもないがしろにされています。ところが私たちの人生において何が現実化されるかを決定づけているのは、このインナーチャイルドなのです。私たちの体を機能させている部分でもあり、私たちが「無意識のうちに」自動的に呼吸しているのもインナーチャイルドのおかげといえます。つまり私たちの直観的側面なのです。

わけもなく落ち着かない気分になったことはありませんか？　そんなときは何か悪いことが起こりつつあるのを感知した潜在意識が私たちに警告を発してくれているのです（私たちが注意を払っていればわかります）。おかげで不愉快な出来事の多くを回避することができるのですが、このインナーチャイルドはあなたにとって望みうる限り最高のパートナーなのです。

ですから自分の中のこの部分とコミュニケーションを取ることは非

常に重要ですし、インナーチャイルドを愛し、慈しむ方法を学ばなければなりません。責任をきちんと取る生き方を心に決めて、その決意を常に意識するようになれば、後はあなたがあれこれ考えなくても、このインナーチャイルドが自動的に消去（ホ・オポノポノのプロセス）をしてくれます。

ホ・オポノポノのセミナーでは、このインナーチャイルドと関わる方法をじっくりと身につけます。コミュニケーションの取り方や慈しむ方法について、そして何よりもインナーチャイルドと協力して「過去を削ぎ落とす」方法について学ぶのです。

『仏教聖典』（仏教伝道協会刊行）の中にあるように、「己に勝つのは戦場で千万の敵に勝つよりも優れた勝利」なのです。

**私たちの「三つの心」のメカニズム**

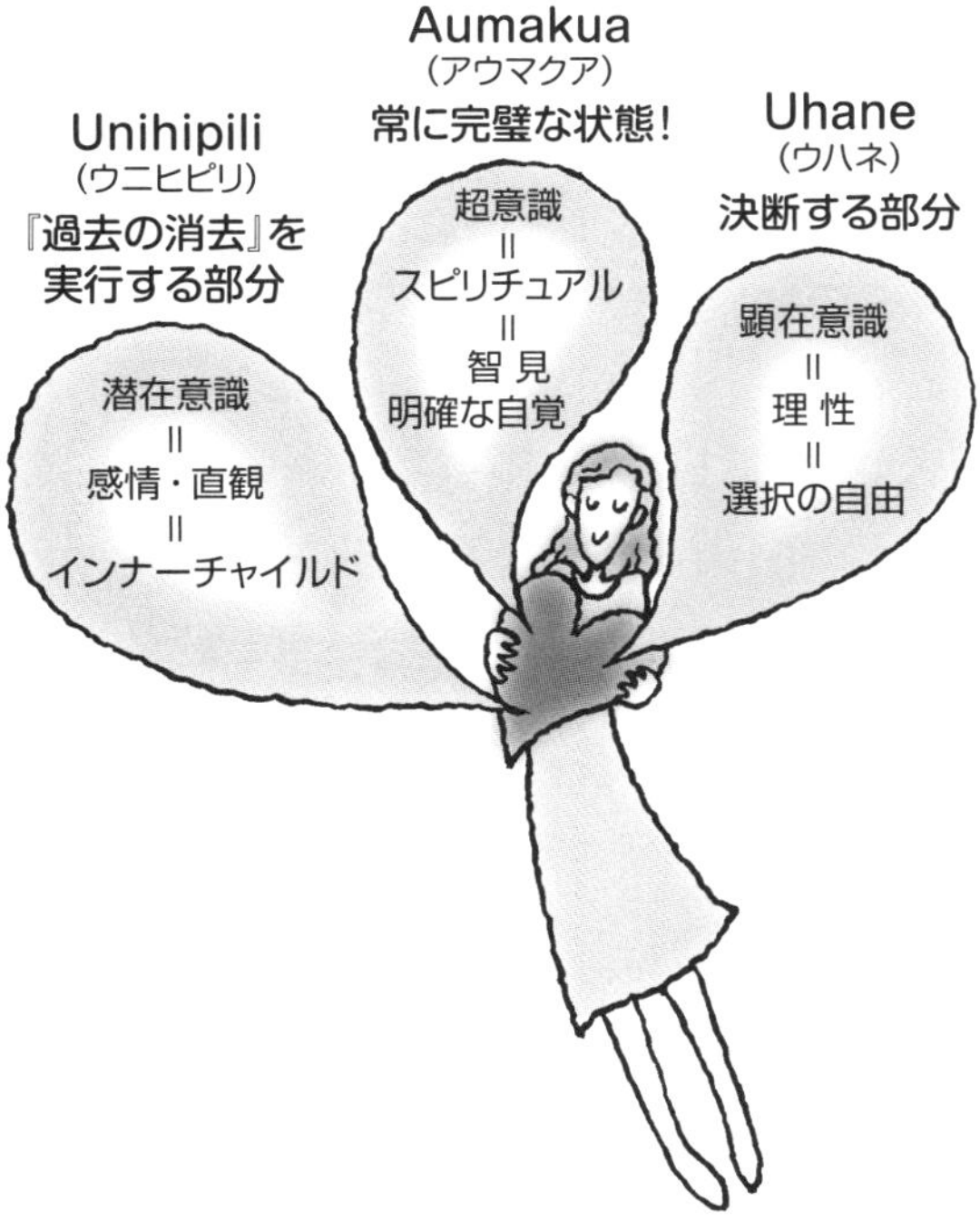

さらにはこんな寓話があります。

昔あるところに、とても美しい庭園がありました。その庭にはリンゴの木とオレンジの木と美しいバラの木が生えていましたが、どれもみな幸せで満ち足りていました。ただ一つの例外が、ひどくさみしそうな一本の木だったのです。この哀れな木は悩みを抱えていました。自分が一体何の木なのかわからなかったのです！

「君には集中力が足りないんだよ」。リンゴの木が言いました。「一生懸命頑張れば、おいしいリンゴの実がなったはずなのに。結構簡単なんだよ」。「それはどうかしら」。バラの茂みから反論が聞こえました。「バラの花を咲かせるほうが簡単よ。ほら見て、きれいでしょ！」

途方に暮れた木はみんなに言われたアイデアを手当たり次第に試して

みました。ですが、他の木たちのように首尾良くことを運ぶことができません。そして木は努力すれば努力するほど挫折感に苛まれるという悪循環に陥ってしまったのです。

ある日庭に一羽のフクロウがやって来ました。鳥類の中で最も賢いフクロウは、すっかり打ちひしがれている木を見て声をかけました。

「心配することはない。実はそんなに悩むほど深刻な問題ではないんだよ。この地球に住む人間のほとんどが同じ問題を抱えておる！　解決法はただ一つ。他人の期待に応えようと努力して人生を無駄に過ごさないこと。自分自身であれ。己を知れ。そしてそのために自分の内なる声を聞け」。そう言い残すとフクロウは消えてしまいました。

「自分の内なる声？　自分自身であれ？　己を知れ、だって？」

木はわらにもすがる思いで自分に問いかけました。すると突然すべてが理解できたのです。

木が耳をふさいで、その代わりに心を開くと「私たちはリンゴの木ではないから、リンゴの実を実らせることはできません。バラの木でもないので毎年春に花を咲かせることもできないのです。私たちはセコイアの木です。雄大で荘厳な成木になることが私たちに課せられた宿命です。鳥に住み処を、旅人には日よけを、そしてこの世に美しい田園風景を提供するのが私たちの使命です！　だから一緒に頑張りましょう！」という声が聞こえたのです。木は底力と自信がみなぎってくるのを感じました。そして自分に課せられた宿命を全うするために努力を始めたのです。こうして、心に空いていた穴をあっという間に埋めた木はみんなから敬愛される存在になりました。そして庭園は至高の幸福に満ちた場所となったのです。

私は周囲を見渡して、自分に問いかけてみます。「自分が成長するのを自分自身で押さえ込んでいるセコイアの木がどれくらいいるのだろう？　自分にはとげしかなくてきれいな花を咲かせることができないと恐れているバラの木がどれくらいいるのだろう？　開花の仕方を知らないオレンジの木がどれくらいいるのだろう？」。どんな障害物や邪魔者にも、自分という存在の素晴らしい本質を発見し、世の中のために役立てることを妨げさせてはならないのです。

## 【Q&A2.】１００％の責任を取るとはどういう意味ですか？

あなたの人生におけるすべての事柄を引き寄せているのは、あなた自身です。あなた自身は気が付いていなくても、あなたの中の記憶が作用して人生で遭遇するすべての事柄を引き寄せているのです。天地創造の初めから積み重ねられてきたデータ、プログラム、情報、記憶をあなたは保持しています。あなたが経験している数々の問題は、記憶が再生された結果ですから、すべての責任はあなた自身にあるのです。

あなたは完璧な存在として創造されました。ここでいう完璧とは、記憶もなく、固定観念もなく、しがらみもなく、偏見もないことを意味していますが、記憶は完璧ではなく、その多くは先祖から受け継いだものであり、あなたが想像するものとはまったく違っているはずです。

## 【Q&A3.】私の問題の原因は何なのでしょうか？

私たちの問題のほとんどが先祖に起因しています。例えば糖尿病の家系の場合、「うちは糖尿病の家系だから、やっぱり私も同じ病気になるんじゃないか」と思うかもしれません。でもあなた自身が糖尿病になる前にその記憶をデリートすることはできます。健康問題だけではなく、精神的・感情的な問題、経済的あるいは恋愛に関する問題に関しても同じことがいえるでしょう。実はこういった問題のほとんどが私たちの先祖に起因しているのです。

## 【Q&A4.】「クリーニング」とはどういう意味なんですか?

「クリーニング」とは問題に直面したときに、「ごめんなさい。こんな状況/問題を作り出したのは、ほかの誰でもなく私なのです」と許しを請う意思を持つことです。あなたが持っているどんなクリーニング・ツールを使うことも可能です。インスピレーションを通じて自分自身のクリーニング・ツールを手に入れることもできます。

「クリーニング」は神聖なる存在に過去に起因するエラーを修正してく

れるようにお願いすることなのです。つまり「クリーニング」とは問題の原因となっている古い記憶や情報をデリートする意思表示を神に示す方法といえるでしょう。神様は私たちが何を削ぎ落とすべきかを知っていますが、自分自身ではわからないのです。

## 【Q&A5.】クリーニングの方法を教えてください。

「クリーニング」はとてもシンプルです。「愛しています」や「ありがとう」を心の中で繰り返すだけで実際にクリーニングできてしまうのですから。この方法はあまりにも簡単すぎて、理性で理解するのは難しいでしょう。でもあなたが「愛しています」や「ありがとう」と言うときや、その他のホ・オポノポノのツールを使うとき、「ごめんなさい。こんな状況／問題を作り出したのは、ほかの誰でもなく私なのです」と許しを請うことであなたは１００％の責任を取っているのです。

## 【Q&A6.】どうして常にクリーニングをしなければいけないんですか？

あなたはひょっとしたら、現時点では何も問題が起こっていないと思っているのかもしれませんね。今のところは万事ＯＫだと。それでも常にクリーニングを実践しなければいけません。なぜなら記憶は潜在意識の中でいつも作用しているからです。たとえ気付かなくても記憶は片時も休まず再生を続けています。ＣＤプレーヤーを例に取ってみれば、プレーヤーはＣＤをプレイしているのに、ボリュームが低すぎてあなたには何も聞こえない状態なのです。だからこそクリーニングを常に少しずつでも続けることが重要なのです。

常時クリーニングをすることによって、あなたは問題の発生を防ぐことができます。あなたの行く先にどれほど多くの扉が閉ざされていて、どれだけの扉を開けなければいけないか見当がつかなければ、おそらく途方に暮れてしまうでしょう。でもクリーニングをしている限りそんなことを心配する必要はないのです。

## 【Q&A7.】クリーニングを継続するにはどうすればいいのですか？

あなたの実の（生物学的な）子供は親の行動を注意深く見ていても、言うことには耳を貸さないことがありますが、それはあなたのインナーチャイルドも同じです。

いろいろなスピリチュアル的実践を渡り歩いて試行錯誤を続けるのをやめて、１００％の責任を取ることを決意したならば、あなたのインナーチャイルド、またの名を潜在意識が代わりにクリーニングを行ってくれるようになります。そのプロセスはごく自然に始まります。インナーチャイルドはあなたの代わりに呼吸をし、心臓を動かし、体を機能させています。それと同じように、あなたの代わりに自動的にクリーニングを行ってくれるのです。

ですが先ほども言った通り、一つのスピリチュアル的実践に集中する必要があります。あれこれ違うことを試していると、インナーチャイルドが混乱してしまって、問題が起こったときにどう対処していいのかわからなくなるのです。

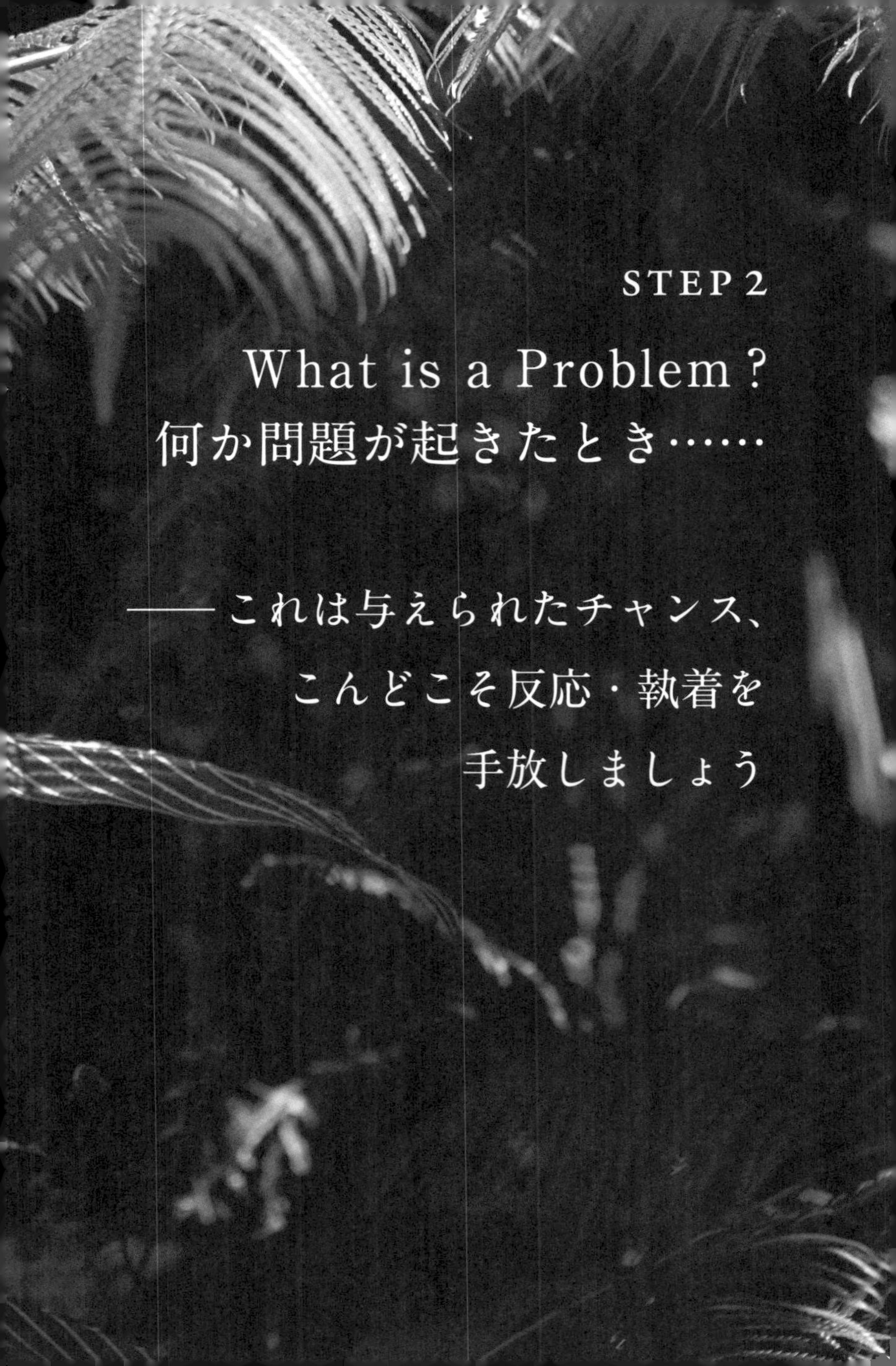

STEP 2

# What is a Problem?
# 何か問題が起きたとき……

――これは与えられたチャンス、
こんどこそ反応・執着を
手放しましょう

問題とは自分がそうだと
認めてはじめて問題になるのであり、
その出来事自体が問題なのではありません。
どう対処するか、それが真の問題なのです。
——— イハレアカラ・ヒューレン博士

禅の教えには、こんな言葉があります。「鳥が頭のまわりを飛ぶのは避けようがないが、巣を作らせないようにすることはできる。

自己否定せよとか雑念を取り払えという意味ではない。大切なのは、自分とは何者なのかを知ることである。己を知れば、人間はより進化し、内面の自由を感じ、もはや瑣末な事象に頭を悩ませることはない」

私たちはみな潜在意識の中にすべての記憶を保管しています。この記憶が保管庫にしまわれて眠っている間は、特に問題は起こりません。ところが、人生において出会う人々や、ある特定の場所あるいは状況に遭遇することによって、この記憶が呼び覚まされるのです。そうして記憶は思考へと姿を変え、自己主張を始めます。だからこそ、「人生において出会う人たちは自分にもう一度やり直すチャンスを与えるために現れる」という事実を知っておくことが、とても重要なのです。具体的には何のチャンスを与えてくれるのでしょうか？　それは、自分が１００％の責任を持ち、「ごめんなさい、許してください。こんな状況／問題を作り出したのは、ほかの誰でもなく私なのです（ホ・オポノポノのツール）」と言うチャンスなのです。

何か問題が起きたときには、必ず自分がその場にいたという事実にあなたは気付いていましたか？　もしあなたの記憶のどこかにそのトピックが存在しなければ、それが問題かどうか認識すらできないはずです。つまり問題とは記憶の再現なのです。問題とはカセットテープに録音された情報のようなものであり、テープが再生され始めると、人はそれを本物だと思い込みます。同じ様な問題が繰り返されるのは、困難な状況が発生する度に私たちがそれに反応し、さらには執着してしまうからです。そのことが頭から離れず、どんどん深みにはまっていきます。単に問題を手放してしまえばいいものを、執着することによってさらなる問題を引き寄せてしまうのです。

さらには問題が起きた場合、人は強迫的な考え方しかできなくなってしまうことに気付いていたでしょうか？　ひとたびこの悪循環にはまってしまうと、私たちは自分の手でテープの再生を止められることなどすっかり忘れてしまうのです。

エックハルト・トールは、著書『さとりを開くと人生はシンプルで楽になる』の中でこう書いています。「精神は決して問題を解決できないし、あなたに存在を知られること自体望んではいない。なぜなら精神こそが『問題』の一部なのだから」

実は記憶のテープは繰り返し再生されているのですが、その音は私たちが自覚できないくらいに小さいのです。それでも、潜在意識下では常にテープが再生され続けています。だからこそ１００％の責任を持つことがとても重要なのです。そうすることによってのみ、問題とは自分自身の記録、つまり自分の思考やプログラムに過ぎないことが理解できます。

記録が壁やスクリーンに投影されるスライドショーを例に取ってみましょう。画像は画面の上に映し出されますが、実際の記録は壁やスクリーンの上に存在するのではなく、プロジェクターという機械の中にあるのだということは誰もが知っていますね。私たちの問題もそれと同じ原理です。

何かの問題が起きたとしても、それは外部ではなく自分の内側で起こっている出来事の投影に過ぎません。それにもかかわらず、人はスクリーンをどうにか変えようとして、人生を無駄遣いするのです。問題は「外」にあるのではありません。私たちはいつも解決の糸口を見つけ出そうと見当違いの場所を探しているのです。

問題のある状況や人々は自分の外側に存在していると私たちは認識してしまいがちですが、それが間違いであることを決して忘れないでください。その認識こそが自分自身の思考の投影なのです。

さらには、その問題についても私たちは思い違いをしています。起こっている出来事の本質について私たちは何もわかっていませんが、実は問題とは「どんな場合でも」私たちに与えられたチャンスなのです。

自分が作り出した以上は、その出来事や問題に対して自分が影響力を持っていることをしっかりと自覚しなければなりません。

これは実際のところ、むしろありがたい話ではないでしょうか。自分で作り出した状況ならば、誰にも何にも頼らずに変えられるはずなのですから。

## 人生に起こる「様々な問題」のしくみ

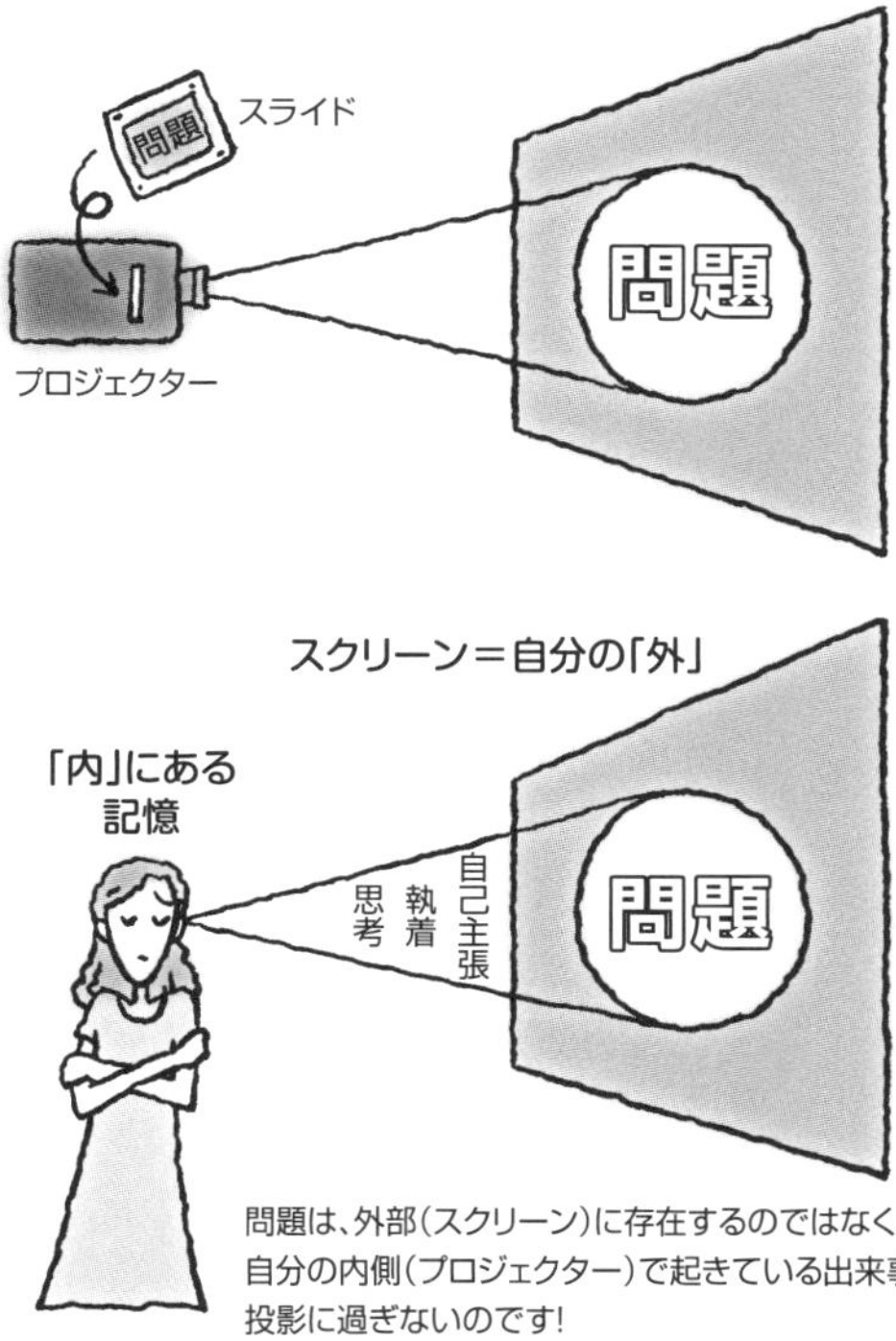


問題は、外部（スクリーン）に存在するのではなく、
自分の内側（プロジェクター）で起きている出来事の
投影に過ぎないのです！

こんな寓話があります。ある村にとても貧しい老人が住んでいました。その老人はたいそう美しい白馬を飼っていて、王様にもうらやましがられるほどでした。

大金と引き換えに馬を売ってくれという王様の申し出に、老人はこのように答えました。「この馬はワシにとってはただの馬ではございません。人間と同じなのです。人間を、ましてや自分の友を、どうして売ることなどできましょう？」。老人はとても貧しかったにもかかわらず、決してその馬を売ろうとはしませんでした。

ところがある朝、小屋から馬が消えているではありませんか。村人は、口々にはやし立てました。「馬鹿な爺さんだな。絶対にいつか盗まれるに違いないって俺たちにはわかってたよ。さっさと売っちまえばよかったのに。哀れなもんだな！」

「そう騒ぎ立てるでない」。老人は答えました。「馬が小屋からいなくなった、ただそれだけのことさ。それが事実で、後のことはお前さんたちが勝手に判断しただけだ。これが災難か幸運なのか、ワシにはわからんが、物事のほんの断片に過ぎないのだよ。明日何が起こるのかなど、誰にもわからんだろう？」

村人は老人を嘲り笑いました。あの老人は少し頭がおかしいと以前からみんなで噂していたのです。

ところがそれから15日ほど経ったある夜、馬が戻って来ました。馬は盗まれたのではなく、逃げ出していただけでした。しかも一頭だけではなく、なんと12頭もの野生の馬たちを連れて戻って来たのです。村人たちはまた寄って集《たか》って言いました。「爺さんの言う通りだった。災難どころか大当たりじゃないか」

「これこれ、また大騒ぎするのか」。老人は言いました。「馬は戻って来た、それだけのことじゃ。これが幸運かそうでないか、一体誰にわかる？　物事のほんの断片じゃよ。お前さんたちは文章の中の一言だけをあげつらうが、それでどうやってその本を値打ちがわかると言うんだね？」

このときばかりは村人たちも何も言い返しませんでしたが、内心では老人の言うことが納得できませんでした。何しろ12頭もの美しい馬を手に入れたのですから。

そして老人の一人息子が馬たちを調教し始めました。けれど一週間ほど経ったある日、彼は馬から落ちて両足を折る大ケガをしてしまいました。村の人たちはまた騒ぎ立てました。「やっぱり、爺さんが正しかったな。あれは災難だったんだ。一人息子しか頼る相手がいないってのに、その息子の両足が使いものにならなくなるなんてな。前にも増して貧乏になっちまったじゃないか」

「お前さんたちは、物事を決めつけんと気が済まんようじゃな」。老人は言いました。「そう騒ぐことはない。息子が両足をケガした、それだけじゃ。これが災難か幸運かは誰にもわからん。人生とは小さな出来事の積み重ねに過ぎんし、それ以上の何ものでもないだろう」

それから数週間が過ぎたころ、彼らの国で戦争が起こり、村の若者は一人残らず召集されました。でも老人の息子だけは、ケガのために徴兵を免れたのです。村は深い悲しみとやるせない不満に包まれました。それは勝ち目のない戦いで、若者たちのほとんどが無事に帰還できないことがわかりきっていたからです。

「爺さんの言う通りだった。結局やっぱりあんたは幸運だったのさ。たとえ足が悪くたって、息子はここにいるじゃないか。うちの子はもう二度と帰って来ないんだ」

「まだそうやって決めつけようとするのかね。そんなことは誰にもわからん。お前さんたちの息子は兵隊に行き、ワシの息子は招集されなかった、それだけのことじゃ。これが吉と出るか凶と出るかは、神様にしかわからんのだよ」

日頃、自分の意見や判断を言葉にするとき、私たちも村人のように思い込みによって自らをがんじがらめにしているのではないでしょうか。

『仏教聖典』(仏教伝道協会刊行)には、次のように書いてあります。

「好き嫌いで物事を判断するものは、事の重要性を理解できずに失望してしまいがちである。かたや俗世間にとらわれないものは、事の次第をちゃんと理解し、何事をも新鮮さと重要性をもって受け入れることができる」。

さらにこうも書いてあります。「幸せは悲しみのあとに続き、悲しみは幸せのあとに訪れる。しかし、何が幸せで何がそうでないかや、善悪の区別をしないものは、自己を解放することができる」

何事も見た目だけではわかりません。だからこそ理性による理解には限界がある、つまりわからないことがたくさんあるのです。けれど理性にもわからないことを知っている部分が、私たちの中に存在しています。そして理性による理解と天から授かった叡智との違いとは、例えば椅子の上に立って見た周囲の景色が全世界だと思い込むことと、山の頂に立って全体像を見渡すことほどの違いがあるのです。

ところが私たちは、神様に話しかけるよりも、心理学者や身近な人に話すほうを好んだりします。自分の中に内在するこの叡智、つまり全知の存在といつでも繋がっているというのに、人は椅子の上に立った状態で意見を言ったり、判断を下したり、価値観を主張したりするほうを好みます。

なぜなら、私たちはそうするように教えられてきたからです。そうした物事の進め方にあまりにも慣れきってしまっているのです。

それでも私たちは、問題の可能性をはらんだ状況に遭遇した場合、それにどう対処するのかを常に選ぶことができます。この概念を見事に表現している説話を紹介しましょう。

あるところに、一頭のロバを飼っている農夫がいました。ある日、ロバが井戸の底へ落ちてしまいました。何時間もの間、農夫は哀れな鳴き声を上げるロバを助け出そうと懸命な努力を続けましたが、徒労に終わりました。そこでとうとう、農夫はロバを諦める決心をしました。どのみちロバはもう年寄りでしたし、井戸もふさぐ必要があったのです。必死になってロバを助ける必要もないだろう、彼はそう思いました。

そこで農夫は、近所の人たちを呼んできて手を貸してもらうことにしたのです。みんなでシャベルを使って、井戸の中に土を落とし始めました。事情を察したロバは、始めのうちは必死になって鳴き声を上げていました。

ところがしばらくすると、驚いたことにロバは落ち着きを取り戻したのです。大量の土を井戸へ投げ込んだ後、ようやく意を決して中を覗いた農夫は、あっと驚きました。背中に降ってくる土を利用して、ロバは驚くべき行動を取っていたのです。土を振り払って落とし、その上に乗って少しずつ地上に近づいていたのでした。そこで、さらにみんなで土を落とし続けました。ロバは土を振り落としてその上に乗ることを繰り返し、ようやく井戸の縁までたどり着くと、自らの足で軽やかに地上へと脱出したのです。

人生とは、肩に降りかかる土のようなもの。それもありとあらゆる土が降ってきます。井戸から抜け出る秘訣は、その土を振り落として上ってゆくかどうかという点にあるのです。どんな災難に遭遇しても、もっと上を目指すための足がかりにすることができます。私たちは諦めなければどんな深い井戸からも抜け出せます！　さあ、困難を振り払い、上っていきましょう！

## 【Q&A8.】クリーニングすると何が起こるのですか？

理性がクリーニングを始めるようになります。つまり私たちの理性の部分である顕在意識、ハワイ語でいうところのUhane（ウハネ）が、記憶や情報に執着する代わりに手放すことを選ぶのです。

理性が１００％の責任を取ることを決意したならば、インナーチャイルドあるいは潜在意識、Unihipili（ウニヒピリ）にある種の命令のようなものが下されます。インナーチャイルドは私たちの中の超意識、Aumakua（アウマクア）と繋《つな》がっています。このアウマクアが許しのプロセスを純化してくれるのです。人間が持つこの部分は完璧な存在であり、その人が何を捨て去るべきなのかがわかるのです。アウマクアは私たちの代理として、エラーを修正してくれるよう神聖なる存在に直接請願してくれます。

クリーニングは基本的にこの形で作用するのですが、覚えていてほしいのは、考えたり理解したりする必要はないということです。あなたはただクリーニングを始めるだけでいいのです。とにかく実行あるのみ！　たとえ目に見えたり、感じ取ったりできなくても、クリーニングをする度に何かが起こります。信じることが重要なのです！　でも期待は禁物だということを忘れないでください。その効果がどこからもたらされるか、あなたには知る由もないのですから、心を開いた状態に保ってください。子供のようにハッピーな状態でいれば、驚くような結果がきっともたらされるでしょう。

## 【Q&A9.】クリーニングの結果がはっきりわかるまでどのくらいかかりますか？

はっきりと決まった答えはありません。すぐに結果が出ることもあれば、時間がかかることもあります。人生においてめぐり合う人々は、あなたにもう一度チャンスを与えるために現れるのだということを忘れないでください。生活を共にする人や仕事を一緒にしている人たちは、より多くのクリーニングが必要な「事柄」を共有しています。たとえ何が起こっても、平和な気持ちでクリーニングを続けてください。一定の期間以内に特別な結果がもたらされることを期待したりせずに、クリーニングを実践するのです。ほかの人たちが変わらなくても、あるいは目の前から消えてくれなくても、平和な気持ちを持ち続けましょう。お金があってもなくても、平和な心を持つことはできます。周囲で何が起ころうとも、あなたは平和な心を持ち続けたいと願うのです。いつ変化が現れるかは、神の時間軸に従って起こることなので、あなたの時間感覚で予測することはできませんが、完璧なタイミングでその変化はもたらされるでしょう。

**【Q&A10.】ただじっと座ってクリーニングをするだけでいいのでしょうか？　それとも何か行動を起こすべきですか？**

行動を起こす前、起こしている最中、起こした後、と常にクリーニングをする必要があります。なぜなら定期的にクリーニングを行うことで、インスピレーションを受ける機会が増えるからです。いずれにせよ、自分が心地よいと感じられることをするべきではないでしょうか。でもたとえインスピレーションに従って行動しているときでも、少しずつでもクリーニングを続けることで、心がオープンになって、ばったり出くわした扉に対しても柔軟に対応できるようになるでしょう。方向転換をすることが正しい場合もあるかもしれません。チャンスの到来に対しては、覚醒した状態で高い意識レベルを持って臨む必要があるのです。

**【Q&A11.】期待しながらクリーニングするにはどうすればいいのでしょう?**

期待もまた記憶である以上は、あなたにとって完璧にふさわしいものを簡単な方法で手に入れることを妨げる存在なのです。とにかく期待を捨て去りましょう。自分にとって何が最適であるかを自覚しているという考えは捨てるのです。良いことであれ悪いことであれ、自分が何かを予測しているのに気付いたら、その考えを捨て去りましょう。あなたの本来の姿である、純真な神の子供へと戻ってください。そして奇跡に対して心をオープンにしましょう。

## 【Q&A12.】クリーニングをしているときは意図を持っておくべきですか？

意図もまた記憶なので、クリーニングする必要があります。意図を捨て去り、自由になるのです。繰り返しになりますが、神の方法に従うのであって、あなたのやり方は関係ないのです。

# STEP 3
# Faith？
# 心頼《しんらい》の意味は？

——すべてをゆだねる、
「期待」から心を
自由にすることで
幸せはやってきます

幸せこそが人間の真の力です。
そしてそれ以外のものをすべて諦めたときに
初めてそれを実感することができるのです。
―― ダン・ミルマン

以前の私は神様を信じていませんでした。神などは存在しないと思っていたのです。人生において達成したことはすべて自分自身の仕事ぶりや熱意と努力のたまものだと若いころから思い込んでいました。私たちユダヤ人は伝統をとても重んじますし、私もよきユダヤ人であるべく伝統を尊重しています。にもかかわらず私は神様を信じてはいなかったのです。ですから私に目覚めが訪れたとき、まったく未知の新しい世界が自分の中に存在しているのに気付きました。

それからほどなくして私は長男にこう言いました。「ジョナサン、人生って意外と簡単なのよ」。息子はキツネにつままれたような顔で言いました。「今まで言ってたことと全然違うじゃないか」「わかってるわ。でも、今はもっと深く理解できるようになったのよ」。そう答えた私には、微塵の迷いもありませんでした。

それは言葉ではとても言い表せない漠然とした感覚でしたが、私は心で感じていたのです。その感覚は誰もが感じられるものです。なぜなら、人はみなその感覚を自分の中にすでに持っているのです。優秀な会計士がするように、私は目覚めがもたらした結果を検証してみました。すると覚醒するまでの私の人生が実は驚くべき出来事の連続であったことに気付いたのです。

お寺や教会で神様に出会う人もいるでしょうし、私のようにそうした場所に神を見いだすことができない人間もいます。たとえそうだとしても、ある日突然に目覚めが訪れて物事についての理解が深まり、神に出会うためにはベッドから起き出して探しに行く必要すらないことに気付くのです。宗派などはもちろん関係ありませんし、その神を何と呼ぼうと自由です。ですがその神的存在は常に私たちと共にあります。何処へ行っても、彼（彼女）は一緒にいるのです。

どのような神（愛）の力がどのように作用するのか、私たちにはまったく見当もつきません。その神的存在が何をもたらしてくれるのか、それすらもわからないのです。でもいわゆる奇跡というものは実際に起こります。もし私たちがあらゆる物事を理屈で理解しようとするのをやめて、無用な判断や主張を削ぎ落とし、人生の流れに身を任せる生き方を学べば、人生の一瞬一瞬に起こっている奇跡を実感できるのです。そのためにはまず自分自身が人生の大きな障害物になっていることを自覚する必要がありますが！

人はよく口では信じていると言いますが、それは本心ではありません。心配事は神（愛）にゆだねようと言いながらも、実際はそこから抜け出せないでいます。心配事を頭から追い出すことができなければ、当然ながら不機嫌になったり不安になったりしてしまいますが、こうして何もかも自分一人で解決しようとするのは、神（愛）を心から信頼していないからだと神聖なる存在に教えているようなものです。そんな状態ではいくら祈っても願いが叶うはずもありませんが、実はうまくいかない原因は私たちが胸に抱いている「期待」なのです。

私たちは自分にとって何が完璧にふさわしいかを知っていると思いがちで、神様に頼みごとをするときにもほとんど命令口調になってしまいます。何を求めているか、どんな色のものがいつどのように欲しいかまでを具体的におねだりしてしまうのです。

ですが、私たちがわざわざ頼まなくても神様にはわかっています。すぐそばにいるのですから大声をはり上げる必要もありません。ただ「心で思う」それで十分なのです。しかも私たちが想像する以上のものを神は与えようとしてくれています。そして私たちが恩恵を受ける準備ができたと意思表示するのをただ待っていてくれるのです。

でももし私が、「神様、ヨーロッパ旅行のための資金が欲しいんです」というような具体的な頼み方をすると、自分の欲しいものを限定してしまうことになります。ですが、神様はどんな瞬間でも、一番あなたにふさわしいものを与えてくれるのです。さきほどの例でいうなら、私がヨーロッパではなく南米へ行くべきかもしれないのに、自分で願いを限定してしまったために結局お金は入ってきません。つまり自分のためにならないものを要求していたからこうした結果を招いたわけで、もしかするとヨーロッパで事故にあって死ぬ運命にあったかもしれないのです。

こんな風に自分の考えの殻に閉じこもってしまっては、しかるべき時に完璧にふさわしいものを受け取る可能性まで台無しにしかねません。ときには神様も「ノー」と言うことがありますが、それは子を思う親が事の危険性や重大性を理解できない子供を心配するのと同じです。

こうした理由も合わせて考えてみると、自分にとって完璧にふさわしいものを希望するべきだが、本人にはそれが何なのかはわからない、という点に幸運を引き寄せる秘訣が隠されているのに気付くでしょう。そしてその秘訣とは「期待」から心を自由にすることなのです。そうすれば、まさに絶好のタイミングで、あなたにとって完璧にふさわしい幸運が訪れるでしょう。幸せがどこからやって来るのか、それは誰にもわかりません。ですがその嬉しい驚きを享受するためにも、すべてをゆだねるという意思を神様に示しておかねばならないのです。

神（愛）は私たちの理解を超えた神秘的な力を持っています。その事実を受け入れ、全身全霊で神（愛）を信頼できるようになれば、特に何もしなくてもすべてが向こうからやって来ます。

私たちの人生において助けとなり支えてくれる人や特別なチャンスを与えることができるのは、神様だけです。ですから、身近な人にばかり相談するのをやめて神に直接語りかけるように心がければ、神様は必ずしかるべきときにしかるべき場所へと私たちを導いてくれるでしょう。

あるいは神について考えるだけでも、問題は遠ざかっていきます。さらに、自分の受けた恩恵に感謝するだけでも、自然と心の波動が変化してゆきます。感謝の気持ちを持ち続けることの重要性には大きな意味があるのです。

インディゴ・チルドレンはこう言っています。「想像したことが実際に起こると信じれば、それは現実化するでしょう。けれども想像するだけで信じなければ、実現する可能性は低くなってしまいます。大事なのは何かが起こるのをただ『待っていたり』、『願ったり』することではなく、どれだけ心頼《しんらい》しているかどうかなのです」。心頼とは、いろいろな可能性に対して心を開いている状態です。

つまり私たちは、未知の世界へ飛び込む勇気を持ち、不確かな要素に対する不安を振り払うことによって、人生における驚異を積極的に享受するべきなのです。心頼している人の心はいつでも開かれています。

ところが神（愛）を心頼することができず、未知の存在への恐怖を捨てられないがために、人生に行き詰って堂々巡りを続けている場合が往々にしてあります。ですが、いつか立派な蘭の花を咲かせるなどと想像すらできない一粒の種でさえ、殻を破り、地上に芽を出して太陽の光を浴びるまでの長い期間を耐え抜く勇気を持っているのです。苦悩に打ちひしがれた心では、愛される喜びや平和な気持ちがどんなものなのか、想像すらできないでしょう。

ですがまさにその心頼が、あらゆる関係に繋がっているのです。私たちは何度も何度も、古い因習や考え方、固定観念を壊していかなければいけないのです。その過程は真っ暗なトンネルを通り抜けるようなものので、ときには痛みさえ伴うでしょう。けれどもそこから抜け出して光を目にするには、その道を通るしかないのです。

天国へ入るためには、子供のようでなければならない、そうイエスは言いました。その天国とは、私たちがいま生きている、この場所なのです。天国における体験を実感できるかどうかは、自分次第です。あれこれ考え込むのをやめ、自分は何でも知っているとか常に正しいという思い込みを捨てるだけでいいのです。理性や情報、教育に頼りすぎた結果、本来の自分からどんどん遠ざかっていくのは、非常によくあるケースです。純粋無垢な心とは、自分の中に存在する神の叡智にほかならないのです。

もちろん、この生き方は大変な勇気を必要とします。ですが最終的には100％の勝利が約束されているのです。必要なのは、自分を信じ、未知の経験に挑戦し、神（愛）を信頼して受け入れる勇気です。

心から信頼することを始めれば、自分の内面に変化が起こり、思考も明確になってきます。すると万物が違って見えてくることでしょう。この変化を言葉で説明しようとしても不可能です。定義する言葉が存在しないのですから。私たちにわかるのは、自分の心の奥にある叡智を発見したということだけなのです。

ではここで、最も重要な心頼関係ともいえる「自分を心から信頼すること」について考えてみましょう。自分以外の何かを信じることは別に強制されているわけではありません。もし自分が納得できないのなら、神やイエス、ブッダ、モーゼといった存在を信じる必要はないのです。

でも自分自身と内に秘めたパワーを信じることは本当に重要です。その領域へたどり着くには、自分が持っていた数々の信念や意見、判断基準を捨てなければなりません。そうすることによって、ありのままの自分の価値を認め、受け入れることができるのです。もちろんこれは簡単なことではありません。こうした固定観念が私たちにどんな影響をもたらしているのか日頃は意識すらしていませんが、この本に書いている方法を使えば、それさえも理解する必要はないのです。あなたがすべきことは、すべてを捨てる意思を神に伝えるだけなのです。

私たちが自分自身を信じ、無条件に愛せるようになれたなら、もう怖いものなど何もなくなります。その変化は周囲の人々にも伝わりますから、あなたがあえて何か言う必要はありません。自分を心頼できるようになると、人間関係にも変化が生まれます。去っていく人もいますが、一方であなたが心から待ち望んでいたチャンスを持った人を引き寄せるようになるのです。自分はダメな人間だ、頭もよくないし、お金もない、大学を出てないのでコンプレックスを感じる、そんな考えを一切捨てて、ありのままの自分を受け入れる。そのプロセスに最大の秘密が隠されています。自分に対する考えを変えられるのは、自分自身だけなのです。

そしてさらに重要なのは、周囲が求める人物像を目指して努力したりするのをやめて、そのままの自分が一番だと考えることです。本当のパワーは自分の内側に存在するものであり、他人に価値を認めてもらう必要はないことに気付き、理解してください。

自分自身を心頼すれば、隠れていた能力が自然と成長し始め、幸せを感じるようになります。自分に対する心頼とは、愛する力、そして人生を楽しむ能力なのです。

人生は心の在り方で左右されます。争いは頭の中で起こっているのだから、平和を取り戻せるのは自分しかいないのです。そしてある意味では、私たちはいつも正しいということを忘れないでください。自分にはできると思えばできますし、自分にはできない、そう思ってしまえばできないのです。私たちは人生を生き、楽しみ、幸せになるためにこの世界に存在しています。自分に対する心頼は自分自身でいる自由を与えてくれます。そしてその結果として心から願っていた幸福が引き寄せられるのです。

## 【Q&A13.】自分のインナーチャイルドとの関係が、どうしてそれほどまでに重要なのですか？

インナーチャイルドには、車を運転しているとき、列に並んでいるときなど、いつでも話しかけることができます。重要なのは、あなたの一部であるこの子供に「愛しています」や「ありがとう」と、できるだけ話しかけてあげることです。「呼吸をさせてくれてありがとう。私の体の世話をしてくれてありがとう。心臓を動かしてくれてありがとう」といった言葉はインナーチャイルドと行うクリーニングにおいて、とても効果的なツールになります。

もし何かが現在あなたに痛みや苦しみを与えているのなら、あなたのインナーチャイルドにその原因を消し去ってくれるように頼むことができます。

愛に基づいたインナーチャイルドとの共同作業は、アファメーション

（肯定的な宣言）のように押し付けがましいところが一切ありません。あなたの敵とは、潜在意識下の、あるいはインナーチャイルドの中の記憶に過ぎないことが理解できれば、敵さえも愛することができます。私たちは敵に抵抗したりはしません。愛がすべてを癒やしてくれるからです。

インナーチャイルドはあなたの記憶を司ったり、体を機能させたりしているだけではありません。あなたの超意識とつながりを持ち、その超意識を通して神聖なる存在と関わりを持っている部分でもあるのです。さらにインナーチャイルドは、あなたの人生のマニフェスター（顕現化を担う存在）でもあります。

あなたのインナーチャイルドに語りかけてください。心の中でインナーチャイルドの手を取って、抱擁してあげましょう。男性のインナーチャイルドが女の子である場合もあれば、その逆もありますので、自分のインナーチャイルドについて想像をたくましくすることはやめてください。

自分のインナーチャイルドに話しかけているとき、あなたは実際にクリーニングを行っています。言い換えれば、インナーチャイルドを慈しむこともまたクリーニングの手段になるということです。あなたはもしかして物理的あるいは感情的にたくさんの事柄を捨て去ってしまいたいと思っているかもしれませんが、そんなときには愛と思いやりを持ってインナーチャイルドに「どうか消去してください」と語りかけましょう。

自分自身のウニヒピリにはいつでも話しかけて構いません。「これまでずっと長い間ないがしろにしたり、無視したりしてごめんね」と謝りたい人もいるのではないでしょうか。あるいは自分の中の子供に、もう二度と見捨てたりしないと約束して安心させてあげたいと思うかもしれませんね。

もしあなたが完璧なパートナーを探しているのなら、あなた自身のインナーチャイルドがその人であることに気付いてください。あなたの中の子供こそがあなたが探していた完璧なパートナーなのです。

## 【Q&A14.】どうすれば自動的にクリーニングできるのか？

一貫してホ・オポノポノの実践をすると決めたこと、そしてクリーニングの過程をインナーチャイルドに教えましょう。そうすればインナーチャイルドが混乱することもありません。この方法ならたとえあなたがクリーニングを怠ったとしても、インナーチャイルドがクリーニングしてくれます。何か問題が起こったときにもあなたが１００％の責任を取ってデリートする意思があることをインナーチャイルドが明確に理解していれば、あなたの代わりにインナーチャイルドがクリーニングを行ってくれるのです。こうなれば、あなたは自動的にクリーニングができる状態になります。インナーチャイルドがあなたに代わってクリーニングしてくれるのですから。

ここではっきりさせておきたいのですが、１００％責任を取るとは後ろめたさを感じるとか、罪悪感を持つという意味ではありません。あなた自身の中で再生されている記憶の責任があなたにあると言っているのです。

もしあなたがホ・オポノポノの実践法のテキストを持っているか、セミナーを受講しているのなら、その本を枕の下に置いてください。潜在意識は決して眠りませんから、あなたの潜在意識やインナーチャイルドがその本を実際に読んでくれるのです。そうすれば、あなたが24時間クリーニングしている状態になる可能性はいっそう高くなります。あなたの理性は疲弊することがありますが、潜在意識は疲れを知りません。潜在意識は眠らないので、あなたの理性が寝ている間にもクリーニングを行うことができるのです。

何かを思い悩みながらベッドに入る場合にはクリーニングがきちんと行われない可能性があるので、そんなときには「ありがとう。ありがとう。ありがとう。愛しています。愛しています。愛しています」と繰り返しながら眠りにつくことをおすすめします。誰かに対して怒り、不安、苛立ちを感じている場合でさえも、あなた自身がそれを捨て去る意思表示をすることで寝ている間にクリーニングできる可能性は高いといえます。そしてあなたがクリーニングを忘れたときには、たとえ昼間でさえもウニヒピリ、インナーチャイルド、またの名を潜在意識が実際にクリーニングをしてくれていることに気付いて驚くかもしれません。この自動クリーニングを行うためには、何か問題が起こる度にあなたが100%責任を取り、消去する意思があるとインナーチャイルドにしっかり伝えることが重要です。

夢もまた記憶であり、クリーニングをする必要があるのですが、寝ている間でさえクリーニングしてくれるインナーチャイルドをパートナーに持てるなんて、とても素晴らしいことではないでしょうか！

**【Q&A15.】クリーニングをしている間にもっとたくさんの問題が降りかかってきたときには、どうすればいいのですか？**

クリーニングを始めたあなたは、以前からそこに存在しているのに自分では気付かなかった問題についてもずっと意識的になります。今やあなたは以前より明晰に物事が見えるようになったのです。つまり、クリーニングの仕方を学んだあなたに、神様がたくさんのものを消去するチャンスを与えてくださっているのでしょう！　どうか忘れないでください。こうした問題はまさに神の恩恵であり、あなたが成長して本当の自分を見いだすためのチャンスであって、試練でも天罰でもないのです。

## 【Q&A16.】誰に対して「ごめんなさい」と言うのですか？

あなたが敵対する相手に「ごめんなさい」と言っているのです。そしてあなたの敵とは実はあなた自身の中にある記憶なのです。

もしかしたらあなたは自分自身に対して「ごめんなさい」と言っている、あるいは自分の中の神聖なる存在に「ごめんなさい」と言っているのかもしれませんね。

いずれにせよそれがわかることはないし、知る必要もありません。理解する必要はありませんが、ただ実践を続けなければならないのです。顕在意識や理性が消去することを決めた途端に、トランスミューテーションヨン（変化）の過程が始まります。何が起こるか、どうやって変化が起こるかを私たちが知る必要はありません。ただ実践することが必要なのです。

# STEP 4
# Money
# お金

## ——心からやりたいことを！
## 愛のあるところにはおのずと
## 富と成功も存在します

たとえ望むものをすべて手に入れたとしても、
ぽっかりと空いた穴はまだ埋まっていないことに
すぐ気付くだろう。しかもその穴には限りがない。
——エックハルト・トール

20年間連れ添った夫と別れたときの私は、まさに着の身着のままの状態でした。父親側が息子たちを引き取ることを主張したために、子供さえも失いました。でも私は一人でもやっていけると確信を持っていましたし、心機一転やり直すチャンスに恵まれたことを感謝していました。

その時期に私は、幸せは物やお金とは関係ないこと、富や財産は重要ではないことを学んだのです。それどころか、多くを持たなければ持たないほど、私は自由になることができました。

そのころ、二人でハウスシェアリングをすればもっと快適で広い家に住めると提案してくれた友だちがいました。確かにいいアイデアだと思ったので、私たちは早速素敵なタウンハウス型マンションを見つけたのです。本当なら手の出ないような物件でしたが、共同で費用を分担することをきちんと説明した結果、審査に合格することができました。

ところが賃貸契約を結ぶ二日前、その友だちから電話があり、予定が変わってアリゾナに住むことに決めたと言うではありませんか。私は即座に不動産会社に電話をして、私が借主としての全責任を負うので賃貸契約書の名義を私一人に変更してほしい旨を伝えました。担当の女性は私のことを信用してくれていたので、何も問題はありませんでした。

一年間の賃貸契約を結び、そのタウンハウスに引っ越してからまもなく、仕事が次々に舞い込むようになったので、ほかの人とシェアしなくても家賃の支払いに問題がないと確信できるようになりました。

引っ越してから八カ月後、タウンハウスの持ち主から連絡があり、その物件を売りに出すことに決めたと告げられました。私がこの家を気に入っていることを知っていた彼は、できれば私に買ってもらいたいが、もし興味がないようなら9月には退居してほしいと言ったのです。

もちろんこの家を買って、そのまま住み続けたいとは思いましたが、先立つものがないのにどうすることができるでしょうか？　頭金もありませんでしたし、会計士という職業柄、自分がローンを組むための必要条件を備えていないことも十分承知していました。私の理性は引っ越しの用意を始めるように忠告しました。

でも私の中の何かが、それは最良の選択ではないと告げていたのです。そのとき、私は自分自身に語りかけていました。「この家が私にふさわしいと神様がお考えなら、ローンが組めるように導いてくれるはず。だって私には一体どうしていいかわからないのだから」。私は、じたばたするのをやめて、すべてを神にゆだねなければならないとわかっていました。そのとき私にできた最良の選択は、この問題から手を引いて、信頼の気持ちを持って普遍的宇宙に解決をゆだねることでした。

ローンを組む手助けを申し出てくれた人が二人いたのですが、最終的にうまくいきませんでした。賃貸契約が切れる期限が来ても融資を受けることができなかったので、大家さんに連絡をして事情を説明するしかありませんでした。そして私は彼を説得するためにどんなことを言って何をすべきだろうかなどと、くよくよ悩んだりする代わりに、心頼と自信を持って素直に状況を受け入れるべきだと決めたのです。私は大家さんに電話をして全部を説明しました。

すると驚いたことに彼は「わかったよ、マベル。実際のところ、今はこの物件を売りに出す時期じゃないと考え直していたんだ。契約を延長してもいいから、契約書を作成してファックスしてくれればサインをするよ」と言ってくれたのです。

最終的に私はローンを組む必要はありませんでした。知人のジョージが電話をしてきて援助の申し出をしてくれたので、更新期限が切れる前に彼から融資を受けることができたんです！　本当にありがとう、ジョージ！

結果にこだわりすぎたり、状況について思い悩んだりするのをやめたとき、そして物事を評価したり批判したいという要求を放棄したとき、自分がまったく無知であることを自覚して、人生の成り行きを素直に受け入れることができるようになったときにはじめて、フロー・オブ・ライフ（人生の豊かな流れ）を経験することができるのです。そしてそこからすべてが始まります。驚くほど簡単に幸運を引きつけることができるようになるのです。

神様は私たちをこの世に送り出すときに、必要な物をすべて与えてくれました。私たちを取り巻く世界を見渡せば、神によって創造された事物で満ちあふれていますが、人間の手だけで作り出されたものなどたかが知れています。

鳥たちは、自分に必要な食べ物が自分の居場所のすぐ近くで見つけられることを知っているから、悠々と空を飛んでいられるのです。自分の求めるものを明確に示すには大変な「心頼と自信」が必要ですが、普遍的宇宙が求めているのは、私たちが最初の一歩を踏み出すことだけです。私たちが普遍的宇宙を信頼して、すべてをゆだねるという意思を伝えれば、本当に必要なものをいとも簡単に引き寄せることができます。

大切なのは（頭ではなく）心で、神の恵みがもたらされることを100%信頼することです。自分の祈りに対して答えが返ってこないと思えるときや結果が見えないときでも、私たちの声が神様に届いていないわけではないのです。

私たちはともすれば神様をまるで召使いのように見なして、何が欲しいか、さらにはどんな色形のものがいつ、どんな方法で欲しいかを要求してしまいがちです。でもそれは普遍的宇宙の成り立ちに反しています。期待をかけたり、自分にとって何がふさわしいか自己主張したりせずに、すべてゆだねることが大切なのです。

神様はどの瞬間においても私たちに最適なものを与えてくれます。クリーニングの秘訣は、「心頼」の気持ちを胸に、不要なものを削ぎ落として、フロー・オブ・ライフに身を任せて、思いも寄らない場所や人から恩恵を受けることにあるのです。

期待をしたり、結果を事前に求めたりするという問題点を持った私たち人間は、非常にせっかちで融通が利きません。すべてのものは「唯一無二の根源」から生まれているということを人間はまだ認識できていませんが、その源は私たちに何が必要なのか、そしてそれがいつ、どのような方法で与えられるべきなのかをはっきりと把握しています。

私たちは仕事や配偶者や投資を通じて自分自身でチャンスを生み出していると思っていますが、物事はそれぞれ違った形や方法を通じて現実化しているのです。だから一つの扉が閉じてしまっても、それはまた別の扉が自動的に開こうとしているからだと考えましょう。

最もよくないのは、問題が起こったときにくよくよと思い悩むことです。思い悩むことは、自分自身を袋小路に追いやって身動きが取れない状態にしてしまうだけでなく、最終的には自分が一番避けたいと思っている結果を引き寄せてしまいます。私たちはまるで磁石のような存在です。つまり考えていることを聞いただけで、その人の本質がわかるのです。

そして何よりも重要なのが「いまを生きる」ことです。私たちは記憶や経験にとらわれて過去を生きたり、先のことを心配ばかりしながら未来に生きたりしているのではないでしょうか。ほかのすべての事柄と同様にお金もまさに必要なときに与えられるのであって、タイミングが早すぎたり遅すぎたりすることはありません。ただ必要なのは心を開いて「信頼する」ことです。

## ホ・オポノポノの祈りのプロセス

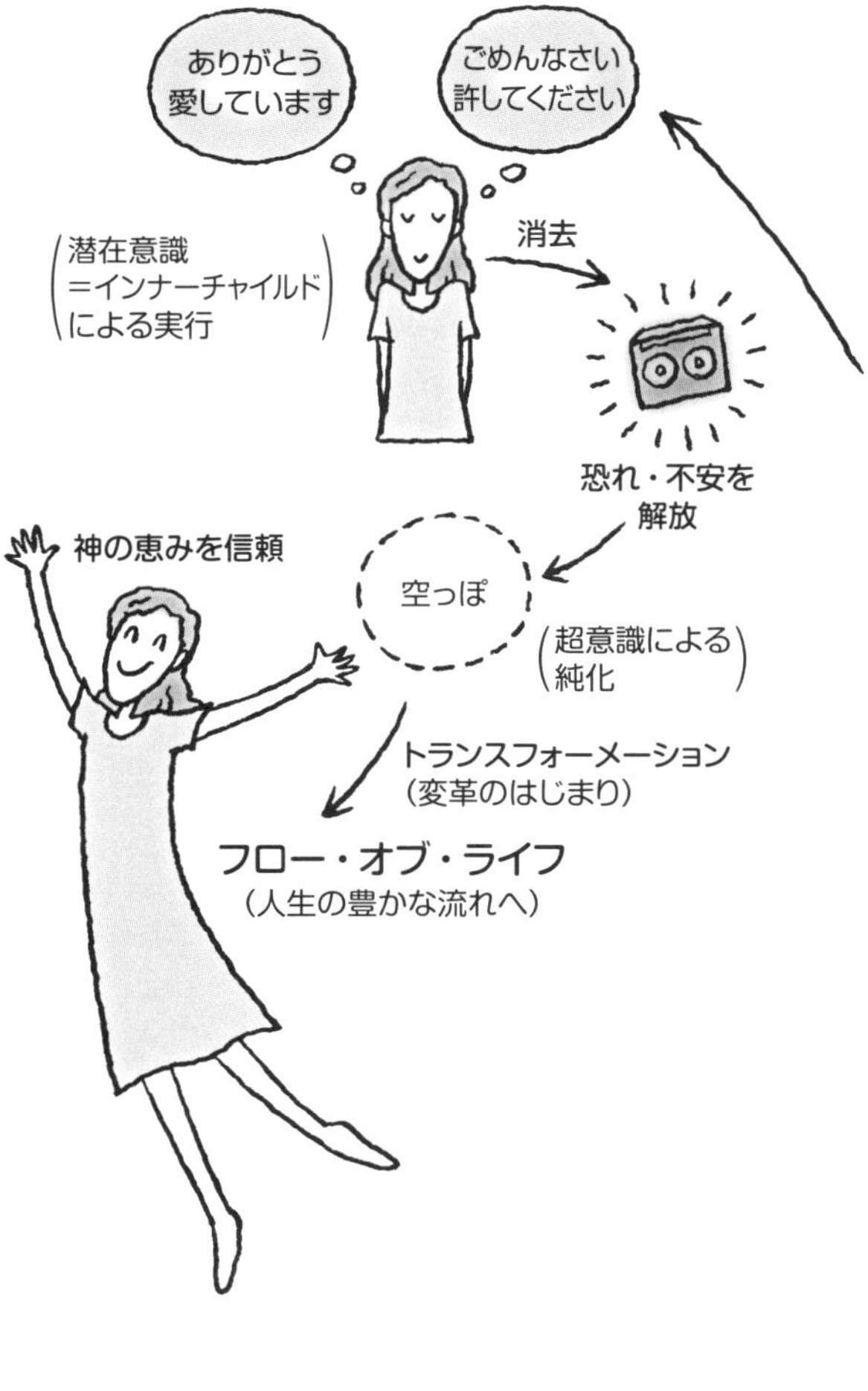
ありがとう
愛しています
ごめんなさい
許してください
（潜在意識
＝インナーチャイルド
による実行）
消去
恐れ・不安を
解放
神の恵みを信頼
空っぽ
（超意識による
純化）
トランスフォーメーション
（変革のはじまり）
フロー・オブ・ライフ
（人生の豊かな流れへ）

次のような話を人から聞いたことがあります。

ある女の人が自宅の庭の前に、長い顎ひげをたくわえた三人の老人が座っているのを目にしました。見知らぬ人たちだったので彼女はこう声をかけました。「差し出がましいようですが、ひょっとしてお腹が空いているんじゃありませんか。どうぞうちに入って何か食べていってくださいな」。老人たちは彼女に訊ねました。「ご主人は家におられるのかな?」。「いいえ、外に出ていますけれど」と彼女は答えました。すると「では中に入るわけにはいきません」と彼らは言ったのです。

夜になって帰宅した夫に彼女は一部始終を話しました。すると彼は「主人が帰ったのでお入りくださいとその老人たちに言ってあげなさい」と答えました。女の人は外へ出て、老人たちを招き入れようとしました。ですが老人たちは「三人一緒には入れないんですよ」と言います。「あら、どうしてですか?」。彼女は不思議に思って聞きました。

するとそのとき、彼らのうちの一人が残りの二人を指さして言いました。「彼の名前は富、もう一人の名前が成功、そして私の名は愛です。家に戻って、私たち三人のうち誰を招待したいかご主人と相談してください」

彼女は家に入って夫にその話を伝えました。夫は大喜びで、「すごいじゃないか！　そういうことなら富を招待しよう。富を招き入れれば我が家も裕福になるぞ」と言いました。でも妻は夫の意見に賛成しませんでした。「でも、やっぱり成功のほうがいいんじゃないかしら？」。するとそれまで部屋の外で両親の話を聞いていた娘が興奮した様子で入ってきました。「愛を招待したほうがいいんじゃないの？　そうすれば家が愛でいっぱいになるから」。「この子の言う通りかもしれないな」。彼は妻に言いました。「愛を我が家に招待しようじゃないか」

彼女は家を出て、三人の老人に聞きました。「愛さんはどの人だったかしら？　どうぞ我が家にいらしてくださいな」。愛はすっくと立ち上がり、家の玄関に向かって歩き始めました。すると残りの二人も立ち上がって、愛の後に続いていきます。女の人はびっくりして訊ねました。「招待したのは愛だけなのに、どうしてあなたたちも一緒に来るんですか？」

するとニ人の老人は声をそろえて言ったのです。「もし富か成功を招待していたら、後の二人は外に残らなければならなかった。けれどもあなたたちは愛を選んだ。私たちは愛の行くところならどこへでもついて行くのですよ」。愛のあるところには、おのずと富と成功も存在するということですね。

お金自体はまったく悪いものではありませんが、それを最優先する考えが間違っているのです。お金のために行動すると、万事がうまくいかなくなってしまうようです。お金は天下の回りもの、すばしっこくてとらえどころがありません。

だから私たちは本当に自分のしたいこと、幸せや満足を感じさせてくれること、損得勘定抜きで心からやりたいと思うことを見つけるべきなのです。私たち全員が、特別な能力や天賦の才を持って生まれています。私たち一人一人が、他の人には負けない自分の特技を授けられているのです。私たちの中にあるその特別な能力は、大学の学位とは関係がありません。豊かさと繁栄は私たちの意識と関係があります。本当の自分を理解できたとき、私たちは必要なものがすべて与えられていたことを知るのです。

今この瞬間、私たちはすでに豊かさに満ちています。心を開いて信頼することで、私たちは人生の幸運のすべてを受け入れるという意思を神に伝えているのです。

## 【Q&A17.】クリーニングの言葉を全文繰り返す必要はありますか？

いいえ。それぞれのツール自体がクリーニングの過程になっているので、その必要はありません。「ごめんなさい。許してください。こんな状況／問題を作り出したのは、ほかの誰でもなく私なのです」という全文がすでにホ・オポノポノのツールとして確立されているからです。

こうしたツールはコンピュータのモニター上のアイコンのようなもので、ただ私たちはダブルクリックすればいいだけで、プログラムが開くしくみを理解する必要はないのです。

長い年月をかけてクリーニングの手法はどんどん簡単になりました。でもどうかそれが当然だとは思わないでください。長年にわたって大勢の人々がクリーニングを繰り返した結果、現在のような高いレベルに到達したのですから。

**【Q&A18.】ただ「ありがとう」と言うだけで、クリーニングができるんですか？**

はい。ただ「ありがとう」と言うだけでいいんです。

12年前に私がトレーニングを始めたころは、これほど簡単ではありませんでした。ですが時としてばかばかしいほど簡単に見えるホ・オポノポノのツールは、どれもが神聖なものです。イハレアカラ博士の言葉によれば、「私たちが実践できるように、神様は可能な限り簡単な方法を作り出してくださった。ホ・オポノポノのツールがいかに簡単でも、依然としてクリーニングをしようとしない人もいますが。たとえどのツールを選んだとしても、ただ『ごめんなさい。こんな状況／問題を作り出したのは、ほかの誰でもなく私なのです』と言うだけでいいんです」

**【Q&A19.】「ありがとう」や「愛しています」と言うときには、真心や**

## 感情をこめて言うべきでしょうか？

コンピュータから情報を削除するときに、あなたはモニターに微笑みかけますか？　感情をこめてデリート・キーを押す必要があるでしょうか？　心底デリートしたいと思わなければいけないでしょうか？　もちろんそんなことはないですよね。同じことがホ・オポノポノについても言えます。実践あるのみ。ただキーを押せばいいんです！

「ありがとう」や「愛しています」と意識的に大きな声に出してほかの人に言うことは、新しい扉を開けるために今まで開いていた扉を閉める結果となるでしょう。信じようが信じまいが、ホ・オポノポノの秘法はどんな人にも効果があります。「愛しています」あるいは「ありがとう」と心の中で唱えるだけで、あなたは消去の作業をしているのです。つまりあなたはその行為によって、神聖な存在に対して問題を解決するための準備ができたという合図を送っているのですね。

## 【Q&A20.】自分以外の人のクリーニングもできますか？

問題はあなた自身だということを忘れないでください。あなたの周囲に悩んでいる人がいるとしたら、それはその人が問題を抱えているというあなたの記憶や考えに原因があります。もし本当にその人を助けたいなら、あなたの中にある記憶、その人が問題を抱えているということを示す事柄を削除するのです。どんな記憶を消去しているか私たちにはわかりませんが、たとえ何が起ころうと、１００％の責任を取って削除するかしないかはあなた次第です。

あなた自身のクリーニングを欠かさなければ、クリーニングすることによってあなたからデリートされたものはすべて、それが何であれ、ほかの人たちからも消去されるのです。もし他人を助けたいなら、あなたの問題も他人の問題も全部神様にゆだねましょう。神は私たちよりも多くのことを知っているのですから！

STEP 5

# Fears
# 恐れと不安

――どの瞬間も温かく見守られ、
保護されていることに
気付くようになりましょう

真理はあなたたちを自由にする
――イエス
ヨハネによる福音書 8章32節（日本聖書協会 新共同訳）

スピリチュアルな探求の旅を決意したものの、その道のりにおいて私はたくさんの恐れと不安に直面しました。20年以上にわたる結婚生活に終止符を打った私は、子供を置いて家を出て、新しい仕事を始め、さらには何の経済的援助もないまま自分一人の責任において賃貸契約を結んだのです。でも自分の中の自信と心頼のおかげで、恐れに打ち勝って行動することができました。内なる声が私にはできるはずだと励ましてくれたのです。

でもこの安心感は自然にわき上がってきたわけではありません。いろんな本を読んだり、セミナーに参加したり、自分の変えなければいけない部分を直視して、現実を受け入れようと賢明に努力しました。「リバーシング（訳注：出生を再体験することで過去の記憶から精神的に解放されるための療法）」や「スウェット・ロッジ（訳注：暗闇の中で熱気と恐れを克服するネイティブアメリカンのスピリチュアル的儀式）」といった体験からは、たくさんのことを学びました。

スウェット・ロッジの中は真っ暗闇で、焼け付くような熱気が充満しています。猛烈な熱さのせいで、息をすると胸が焼け焦げてこのまま死んでしまうのではないかとさえ感じたほどです。シャスタ山でこの儀式を執り行っていたネイティブアメリカンは、スウェット・ロッジに入ることによって、自分自身をしっかりと見つめざるを得ない状況に身を置くのだと説明してくれました。

スウェット・ロッジの中にいるとき、とても大事な考えが二つ浮かんだのを覚えています。一つは「神様がこの儀式を認めているのだから、安全に違いない」という思い。

そしてその後、自分にこう言い聞かせたのです。「ねえマベル、もしこれをやり遂げることができたなら、なんだってできるはずよ」。私はスウェット・ロッジに恐れと不安をごっそり置いてくることができたと思っています。

本当の自分とその内側に秘められたパワーを発見するとき、私たちは恐れることなど何もないのだと気付くのです。私たちはいつのときも温かく見守られ、保護されているのですから。でも実際には私たちの誰もがまるで病的といってもいいほど恐れと不安にさいなまれています。

つまり私たちは恐れと不安、そして苦悩の依存症になっているわけですが、苦悩することを好むのはそれが自分にとってなじみ深い経験だからです。苦悩という感覚に私たちは慣れ親しんでいます。苦しんでいると同時に居心地のよさも感じているのです。恐れと不安は、それほどまでになじみの深い日常的な感覚だと言えるでしょう。

でも勇気を出して、恐怖と不安を直視して乗り越えようとすれば、トンネルを抜けて光を目にすることができます。そして真実を理解した私たちは、輝かしい達成感だけでなく、あふれんばかりの自信を感じるのですが、振り返ってみれば、想像していたほど悲惨なことは起こらなかったと気付くのです。

私がビジネスの講座を受けていたときのことです。ある男性がどうやって不動産業者になったかについて話してくれました。彼がまだ本当に若いころの話ですが、仕事の初日に上司から「家を売りたいか？」と訊かれたそうです。彼は即座に「もちろんです」と答えました。

すると上司は彼を近所に連れ出して言いました。「まずこの辺りを一人で営業して回れ。四時間後ここに迎えに来るから、それまでずっと一軒ずつ訪ねて、家を買いたいと思っている人を探すんだ」。上司は100個の記入欄がずらりと並んだ表のようなものを彼に手渡すと、「まずは100人に『ノー』と言われるまで頑張れ！」と、断られる度に×印をつけるように言い残して行ってしまいました。

若者は自分の置かれた状況が信じられませんでしたが、まさか逃げ出すわけにもいきません。そして結果的には大勢の人に「ノー」と言われたのですが、驚いたことにたくさんの人たちから「イエス」、つまり家を買いたいと常々思っていたので詳しい話を聞かせてほしいという返事をもらいました。そしてその瞬間、若者はいろいろな人から「ノー」と言われる度に、実はどんどん「イエス」の可能性に近づいていることが実感できたのです。

私たちの全員が「ノー」と言われること、拒否されることに対して強い恐怖心を抱いています。ですが、「ノー」、つまり拒否されるリスクを避けている限り、「イエス」と言われることもないのです。たとえ「ノー」と言われたところで何が起こるというのでしょうか？　よくよく考えれば、「ノー」と言われることはそんなに悲惨な体験でもないのです。

恐れや不安を克服できる度量の大きさこそが、人生の豊かさを享受できる人と何も得ることができない人の違いであり、成功している人と行き詰まってしまう人の差なのです。

私たちが抱く恐れは不安感と密接な関係があります。自分が何者かもわからず、自分にとって完璧にふさわしいものすべてを引き寄せるパワーと可能性を持っていることに気付いていないから不安を感じるのです。自分自身を心から信頼すれば、どの瞬間においても自分が完璧な状態であることを実感する方法を身につけることができます。

もし誰かに「ノー」と言われたとしても、それはたいしたことではありません。その「ノー」は、探し求めていたものがその時点では自分にとって最適ではなかったことを意味しているだけではないでしょうか。自分自身を受け入れて愛しているならば、他人が自分についてどんな風に考えたり、言ったりしても毅然としていられるはずです。個人攻撃をされているなどと被害者意識を持つこともありません。

心頼している人は、「ノー」と言われたときでももっと素晴らしいもの、自分にふさわしいものがこの先に待っていることを知っているので、確固たる自信を持ってその何かが訪れるのを待つことができます。それとは対照的に、不安を抱えて迷走している人は本当の自分が見えていないために、底知れぬ恐れを感じて身動きが取れなくなってしまうのです。

私たちの誰もが恐れと不安を感じます。街頭掃除をしている人でも一国の大統領でもそれは同じです。恐れと不安には階級制度など関係ありません。あえて恐れと不安に向き合って乗り越えることによって、格差が出るのです。

こうした変化を実感するためには、勇気を奮い立たせる必要があります。でも自分自身がやらなければ、あなたの代わりを務めてくれる人など誰もいないのです。イエスやブッダが救済のために再来してくれるなどとは思わないでください。自分自身を変革するために必要な要素は私たちの内側にあるのです。そう、トランスフォーメーションとは内的な変革であり、勇気を出す以外に方法はありません。

この探求の旅には抜け道はなく、私たち一人一人が自分自身の行路を決めるのです。勇気を持って冒険をすればするほど、その行く手にはよりたくさんのチャンスが待っています。ありがたいことに恐れと不安は私たちの心の中にのみ存在している、つまり私たち自身によって作り出されているのです。

つまり変化を起こせるのは自分自身しかいません。思い込みや記憶は消去できるので、どんどん削ぎ落とさなければなりません。本当に自由になれるかどうかはこのプロセスにかかっています。自分自身で心の中に作った牢獄を崩壊させることによって、自己の魂に通じる扉を開いて自由を再び手にすることができるのです。

恐れや苦悩といった感情を持つかどうかは、勇気とまったく同じように選択が自由です。その折々に本人がどの感情を選択するかにすべてがかかっています。道の途中で立ち止まって、劇的な変革を行う必要が生じることが幾度もあるでしょう。

言い換えれば、新しい人生をスタートさせるにはその前に「死」を迎える必要があるということです。私がここで言う「死」とは、自分の中にある偽りの部分の削除を意味していますが、私たちはこの思い込みによる自己像を他人に信じ込ませてきただけでなく、さらに悪いことに自分自身をも欺いてきました。

恐れと不安によって私たちは、悪い出来事とは自分の想像の産物であると知りつつも、何かよからぬことが起こると思い込んでしまいます。

恐れと不安は山をも動かせるほどのパワーを持っているのです。

以前読んだ本にこんな一節がありました。「人生における成功とは、何を成し遂げたかによって判断されるのではなく、どのような障害に立ち向かってきたかによって決まる」と。

幸せがすぐ目の前の角を回ったところにあるのに、私たちはその角を曲がる勇気が出せないのです。

## 【Q&A21.】どうして問題について人と話す必要がないのですか？

あなたの中から消えたものは、ほかの人の中からも消えています。あなたが人生で遭遇する人たちは、あなたにもう一度やり直すチャンスを与えるために現れたことを忘れないでください。

一見そうは思えなくても、彼らはあなたの教師です。彼らと話し合っても何の意味もありません。話をすることはまるで抗争のようなもの。争ったところで、すぐに決着がつくような簡単な問題ではないことを私たちは承知しているはずです。話すことによって、私たちはより多くの記憶を引き寄せてしまいます。自分のいらないものを引き寄せてしまうわけです。

もし私たちが話をしなければ、問題も消えてくれるでしょう。

だから消去をしましょう。余計なことは言わずにただクリーニングをしていれば、インスピレーションが与えられるチャンスは増えてきます。

結果的に相手が言ってほしいと思っていた言葉をかけてあげることになるかもしれません。あるいはクリーニングをしているおかげで、こちらが何も言わなくても相手が変わる、または相手がインスピレーションを受けるということが起こるかもしれないのです。

議論を戦わせたり、捨てぜりふを吐いたり、正当性を主張しても、うまくはいかないでしょう。

繰り返しますが、私たちの中から消去されたものは、相手の中からも消えるのです。

これこそがホ・オポノポノのクリーニングの最も驚くべき効果ではないでしょうか。あなたが変わればすべてが変わります。なぜならすべてはあなたの中にある記憶でしかないのですから。

## 【Q&A22.】ほかの人とクリーニングをシェアする（分かち合う）ことはできますか？

でもあなたは誰と話し合おうと思っているのでしょうか？　責任の分担をできる人など誰もいません。これはあなたの問題であり、責任を取るのはあなたなのです。私たちは他人の問題に関して、したり顔でアドバイスを与えがちです。自分以外の人を助けられると思っているからですが、何度も言う通り責任を取るのは本人以外にはいません。だから本当に誰かを助けたいのなら、いさぎよく問題から手を引くべきではないでしょうか。

そうすれば神様がそれぞれの人間にとって最もふさわしい結果をもたらしてくれるはずです。人間を創造したのは神なのですから、何がその人にとって完璧にふさわしいかも知っています。

それにくらべて私たちは自分にとって何が最適なのかさえわからないのですから！　良いことであれ悪いことであれ、すべては自分の身に降りかかってきます。間違った情報やアドバイスをほかの人に与えたくはないでしょう。

私たちが他人のプライバシーを侵害したくないように、神様も私たちのほうからお願いするのを待っています。つまりすべての人が選択の自由を持っているのです。

## 【Q&A23.】どのツールを使うべきでしょうか？

すべてのツールは互換性があるので、どれを使っても構いません。人それぞれ好みがあるために、多種多様なホ・オポノポノ・ツールが存在しているのです。だから、自分にふさわしいと思うツールを使うべきではないでしょうか。

何か問題に直面したときは、「この問題をどうやってクリーンにすればいいでしょうか？」と問いかけてください。

イハレアカラ博士はこう言っています。「たとえ返ってきた答えがばかげているように思えても、間違いはないのでそれを実践しなさい」と。神様は素晴らしいユーモアのセンスも持っているのです。

## 【Q&A24.】自分独自のクリーニング・ツールを使ってもいいですか？

はい。自分だけのクリーニング・ツールを使っても構いません。クリーニングをすればするほど、あなたはゼロの状態になっていきます。そしてゼロの状態にあるとき、あなたは新しい情報、新しいアイデアを受け取ることができます。そして無意識のうちにその新しい情報に基づいて行動するようになります。

問題に直面したときには、「どうやってクリーニングすればいいですか？」と問いかけてください。返事が聞こえた、あるいは何をすべきか導かれたならば、その答えに間違いはないので、その通りに実践しましょう。あなた自身のインスピレーションを信じてください。答えはあなた自身の中にあるのです。

## 【Q&A25.】インスピレーションと直観の違いは何ですか？

インスピレーションは新しい情報、新しいアイデアであり、神と普遍的宇宙からもたらされるものです。まるでインターネットの情報のように、思いついた本人も一体どこからそのアイデアを得たのかわかりません。

一方の直観は再生された記憶です。私たちのインナーチャイルド（つまり潜在意識）が何かが起こりつつあるとき、事前にそのことを警告してくれているのです。

愛とは戦士にとっての剣のようなものである。
どこを切ろうとも、それは死ではなく生をもたらすのだ。
――― ダン・ミルマン

# STEP 6
# Love
# 愛

——まず自分を愛すること！
誰かが幸せを与えて
くれるわけではありません

インディゴの乙女たちの一人が、愛について教えてほしいと言われたときのことです。彼女は変な質問をする人がいるものだというように笑いながら、こう答えました。「愛について教えることなどできません。もし私が何かを口にしたら、その瞬間にもそれは真実ではなくなってしまいます。なぜなら愛は言葉とはまったく無縁なのですから」「なるほど、それなら……」と質問者は食い下がりました。「真実の愛とは何ですか？」。インディゴの乙女はもう一度笑って言いました。「ほら、またやってしまいましたね。これでどれだけ難しいことなのかが、わかったのではないですか？」

頭で考えないようにしようとどれほど努力しても、そんなことは不可能です。私たちはいつも理性を使ってすべてを理解しようと頑張ったあげく、その考えを言葉にして人に聞かせようとしますが、愛は「思考」とは何の関係もないので「顕在意識としての心」には愛を理解することができません。

ダン・ミルマンは彼の著書『癒しの旅―ピースフル・ウォリアー』の中でこう言っています。「愛とは理解するものではなく、感じるものだ。人生とは完璧性と勝利について妄想にふけることではなく、愛こそがその本質なのである。とかく私たちはすべてを精神的概念の枠に押し込めようとするが、そんな考えは捨てて、ただ感じるべきなのだ！」

ある日私は、二人の子供ジョナサンとライオネルに、たとえどんなことがあっても無条件に愛し続けると言いました。二人が何をしようとも、彼らの振る舞いに関係なく、たとえ大学を出ようが出まいが、私の子供たちに対する愛に変わりはないと教えたかったのです。すると二人は、世にも奇妙な話を聞かされたかのように、私の顔を穴が空くほど見つめたのです。

誰でも悪い癖をいっぱい持っていますが、こうした癖は親から子へと受け継がれます。こうして人は生き方を学ぶのですが、私たちはそれ以外にいい方法を知らないのです。まだ年端もいかぬころから私たちは、愛を勝ち取るためには、他者に受け入れられるためには、しかるべき言動を取るように教育されます。

ですが残念なことに、その教育の過程には、私たちが自分自身を愛して、受け入れることを学ぶ機会がないのです。そして逆説的になりますが、人は自分に対するのと同じ態度でしか他人に接することができないのです。つまり他者に愛されたい、受け入れられたいという欲求が叶えられないのは、自分自身を愛する能力が欠如しているからなのです。

自分を愛することができなくて、どうして他人を愛することができるでしょうか。この現実から目をそらすことによって、自分自身をだまし、他人をだましているのです。何よりも大切なのは、ありのままの自分自身を愛して、受け入れる生き方を学ぶことです。他人のためにあれこれ尽くしても、自分をないがしろにしていては相手のためになるはずがありません。

特に私たち母親は、子供のためには自分にとって大事なことを諦《あきら》めて、自己を犠牲にしなければならないと思い込む傾向があります。でも子供にとって一番素晴らしい贈り物は、自分自身を愛している母親の姿なのです。そんな母親を見つめながら手本とすることで、あてもなく愛を探し求めたりせずに、自分を愛しながら生きるための方法を学ぶのです。自分自身が迷いのない人生を送ってはじめて、他人を思いやる余裕ができるのではないでしょうか。

人から愛されたいがためにあれこれと策を弄して頑張れば頑張るほど、

自分の追い求めている結果を得るチャンスから遠ざかっているのです。他人にどう思われるかばかり気にするのはやめて、幸福な気持ちで人生の一瞬一瞬を楽しむことを私たちは学ぶべきではないでしょうか。一番大事なのはあなたが自分のことをどう思っているかなのです。

自分という存在に対する愛はトランスフォーメーション（変革）のための最も強力な手だてとなりますが、愛の根源は私たちの中にあるので、外を探し回っても不毛なだけです。愛はそんなところにはないのですから。しかしほとんどの人が見当違いな場所で愛を探し回っては、わけもわからないままに他人が愛を与えてくれるのを渇望しているのです。

私たちの誰もが犯しがちな、とんでもない間違いがもう一つあります。幸せになるためにはパートナーが絶対必要という思い込みです。これも夢に描き続けている幸福を自分以外の誰かが与えてくれるという考え方ですが、たとえ自分を愛してくれる人を見つけたとしても、それであなたが幸福になるわけではありません。自分が不完全な存在だと感じたとき、人は自分に欠けているものを持った誰かを探し求めますが、これは単なる時間の無駄です。

私たちは自分の中に愛を見つける必要があります。その探し物を見つけたとき、自信が満ちてくるのを感じたとき、ありのままの自分を受け入れて愛することができたとき、はじめて、自分を完璧にするために誰かを「必要」としているのではないことに気付くでしょう。

そして最終的に、「必要に駆られた」からではなく誰かと結ばれることを「願い」、「選択した」結果としてパートナーを探し始めます。このような状況にあってこそ、必要に迫られたからではなく、自らの意思に基づいて自由に行動することができるのです。

なぜかというと、自分自身を信頼していなければ他人を心の底から愛することなどできないからです。いや、確かに愛していると言い張る人もいるかもしれませんが、往々にして独占欲に満ちた愛情に過ぎない場合が多いのではないでしょうか。子供が独自の個性を持つのを許さない母親は、わが子を自分の考え方や意見や価値観の奴隷にしているのです。

時として私たちは嫉妬が渦を巻くような人間関係に陥ってしまいます。これはもちろん愛ではないのですが、私たちにはどうすることもできません。古いテープが頭の中で繰り返し再生されている状態で、実際のところ相手の本当の姿が見えなくなってしまって、自分の考えや記憶を通して相手を見ているのです。

ハワイの秘法であるホ・オポノポノでは二つの非常に重要なツールを使いますが、それは「愛しています」と「ありがとう」という言葉です。あなた自身あまり気持ちが入らないときもあるかもしれませんが、そんな場合でも以下のような状況においては特に威力を発揮します。

誰かに不当な扱いを受けたと思ったとき、嫌なことを言われたときには、言い返す代わりに、あなたの感じている嫌な気分を相手にわからせてあなたのほうが正しいと納得させようとする代わりに、心の中で「愛しています。愛しています。愛しています」あるいは「ありがとう。ありがとう。ありがとう」という言葉を気が済むまで繰り返してください。

この二つのツールはきっと驚くような結果をもたらしてくれるでしょう。相手のほうから謝ってくるという思いがけない効果を目の当たりにする場合もあります。

その一方で、状況的には何の変化も起きていないようなときもあります。ですがその人物ともはや連絡を取る必要がなくなったり、あなた自身が以前のように相手から影響を受けなくなったりしているのです。

本当に深刻な問題を抱えている人間関係もありますが、そうした人たちとあなたの間にはより多くの思い出、よりたくさんのテープが存在しています。こんな場合にも、あなたが出来事や人、状況をどう受け止めるかによってすべてが変わることを決して忘れないでください。

ほかの人全員にも同じことがいえます。すべてはその人の受け止め方や価値観、そして記憶次第なのです。人生とはまるで以前に何度も観たことのある映画のようですが、映写される度に私たちが反応し続ければ、何度も繰り返し再映されてしまいます。


問題に対する私たちの反応は記憶の再現です。こうした問題は、以前に経験したままずっと克服できないでいた障害である場合が往々にしてあります。つまり同じ様な状況が何度も巡ってくるのは、あなたに以前とは違うやり方で反応するチャンスを与えてくれているのです。

私たちが人生において出会う人々は、自分のどの部分を変革する必要があるのかを示すために現れる場合がよくあります。そういう意味では、人間関係とはまさに私たちの自己を映し出す鏡なのです。相手の言動に対して仕返しをしないという選択肢もあります。頬を打たれたらもう片方の頬を差し出せばいいのです。愛という頬を（訳注：マタイ福音書にある言葉で、不当な仕打ちを受けてもあえて報復しないという意味）。このことをきちんと理解していれば、意識のレベルを高めて、自分自身で責任を取ることを選択できるようになります。

例えばもし自分の子供に関して問題を抱えているのなら、子供が寝ている間に（訳注：潜在意識に）語りかけるのがベストの方法です。あなたが伝えるべきなのは、愛していることと自分の子供として生まれてきてくれたことに対する感謝の気持ちだけです。子供のほうから聞いてこない限り、自分の意見を押し付けるのは賢明ではありません。あなたが正しくて子供のほうが間違っていることを納得させようと躍起になるのも生産的でないといえます。自分自身にとって何がふさわしいかを知ることでさえとても難しいのに、自分以外の人間に何が合っているかがどうしてわかるのでしょうか？

感謝の気持ちも非常に強力なツールです。気分が落ち込んだときや悲観に暮れてしまったとき、これまでの人生で授かった恩恵を一つ残らず思い出して、感謝の気持ちを捧げましょう。こうすることによって、自分のエネルギーを瞬く間に変化させることができます。問題よりもずっと高い次元に自分自身を上昇させるのです。自分がいかにたくさんのものを与えられているかに気付かないこともありますが、それは何が自分に足りないのかを「考える」ことのほうに意識を集中させてしまうからです。

実のところ私たちは愛を含めたすべてのものをすでに授かっています。私たちがすべきなのは、恩恵を享受する用意ができたという合図を神聖なる存在に送ることだけです。幸せになる秘訣は、物欲しそうに外を探し回ることではなく、もっと自分を愛し、大事にする能力を高める努力にこそあるといえるでしょう。

## 人間関係は自己を映し出す鏡

## 【Q&A26.】正しいやり方でクリーニングできているか知りたいのですが。

繰り返しになりますが、結果を期待してはいけません。ただベストを尽くしてください。神様はあなたがすべてをゆだねるという意思表示をするのを待っています。それを伝える方法に正しいも間違いもありません。ただ実践あるのみです！　最も大切なのは、あなたがまったく無知であることを認めた上で、自らの意思において自分の中にあるすべてのものについて責任を取り、それを手放す決意をすることです。

神（愛）はすべてを癒やしてくれます。あなたがすべきなのは、全部をゆだねるという意思表示をするだけなのです。そうするには、心から信頼する必要があります。確信が持てずに、不安を感じるかもしれませんが、どんなときにも、たとえあなたが見たり感じたりできないときでも、神（愛）はすべてを癒やしてくれているのです。これが普遍的宇宙の法則であり、あなたがノックをすれば、扉は開きます。そのヒーリングは朝も夜も24時間有効です。休暇を取ることもなければ、昼寝もせずに、あなたのことを待っています。しかもまったくの無料なんですから実践しない手はありません！

## 【Q&A27.】どんな記憶を消去しているんですか？

幸いなことに、記憶を消去する、または何を消去するかを決めるのは私たちの仕事ではありません！　何を捨て去るかを決定しているのは神、あるいは私たちの中に存在する自分自身について「理性よりもよく知っている」部分なのです。もしかすると、あなたは特定の人物や状況をクリーニングしていると思っているかもしれませんが、記憶というものはまるで蜘蛛の巣のように絡み合っているので、一部分を引っ張れば、全部が揺れ動きます。つまりあなたがクリーニングしていると思っている人物や状況は単なる引き金に過ぎず、あなたが何を消去しているかを知ることは決してないのです。

## 【Q&A28.】良い記憶を消去したくない場合はどうするべきですか？

あなたのどの部分が、その記憶が良いものだと言っているのでしょうか？　その部分は判断を下したり、意見を主張したりするものの、本当のことは何もわかっていないのです。あなたは自由にならなければならないことを思い出してください。ゼロになる必要があるのです。ゼロの状態においては、何の情報もなく、良いも悪いも、正しいも間違いもありません。ゼロになったあなたは話すことも聞くこともないのです。ゼロの状態になったあなたは、自分自身を自由にする必要があります。何を消去して何を消去しないかを決めるのはあなたではありません。神様はいつのときでもあなたにとって最良のものをもたらしてくれますが、それが何であるかはあなたには見当のつかないことです。だから良いことも悪いことも捨て去って、自分自身を自由にしましょう。

## 【Q&A29.】神様に直接祈ることはできますか？

理性は神と直接コミュニケーションをとることができません。請願はいったん母（理性・顕在意識）から子（潜在意識）へと手渡され、それから父（超意識）に届けられ、最終的に神聖なる存在の高みに到達します。理性は神について何も知りません。神様とのつながりを持っているのはインナーチャイルドだということを忘れないでください。

クリーニングは祈りの方法であり、依頼の方法であり、あなたにふさわしいもの、完璧なものを受け取る意思を示す方法なのです。どんなやり方でクリーニングしようと、たとえあなたが神と直接対話していると思っているときでさえも、あなたは常にインナーチャイルドを通して神とつながっているのです。あなたのインナーチャイルド、つまり神的な存在にクリーニングをしてくれるようにお願いしましょう。きっと理解してくれるはずです。

## 【Q&A30.】どうして自分の苦痛を、あるいはガンなどの病気を愛さなければならないのですか？

私たちが抱えているのは非常に根の深い問題です。苦痛は時としてポジティブな存在であり、痛みを通して記憶を捨て去っている場合もあります。肉体は記憶です。私たちがクリーニングをするとき、苦痛やガンと調和的な関係を持つためにそのプロセスを行うのであって、痛みを消すためにクリーニングをするのではありません。それでは期待を持つことになってしまいます。愛がすべてを癒やしてくれます。だから、ガンに対しても「愛しています」と言いましょう。それがクリーニングの方法なのです。人はよく以下のような疑問を抱きます。「どうして神様は全部一度に問題を消去してくれないのか。１００％自分の責任だと認めるから、全部まとめて処分してくれ！」

それについてイハレアカラ博士はこう説明してくれました。私たちの肉体もまた記憶であり、体はそれに対抗することができない。もし神が一度に記憶を取り払ってしまったら、私たちの体はプルーンのようにしぼんでしまうだろう、と。素晴らしいことに、私たちが何を捨て去って何を癒す準備ができているかが神様にはわかっているのです。

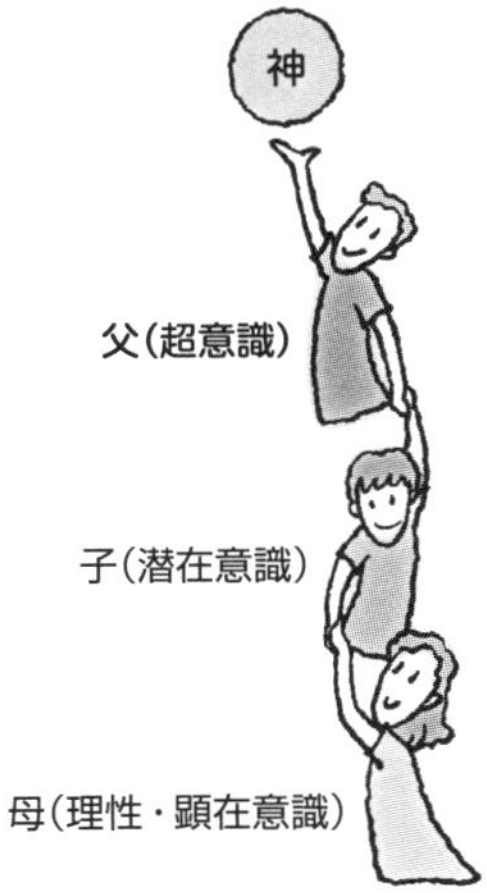

神が私たちに求めることはただ一つ。
それは、自分自身を大切にして、「ごめんなさい」
と伝えることです。

――― イハレアカラ・ヒューレン博士

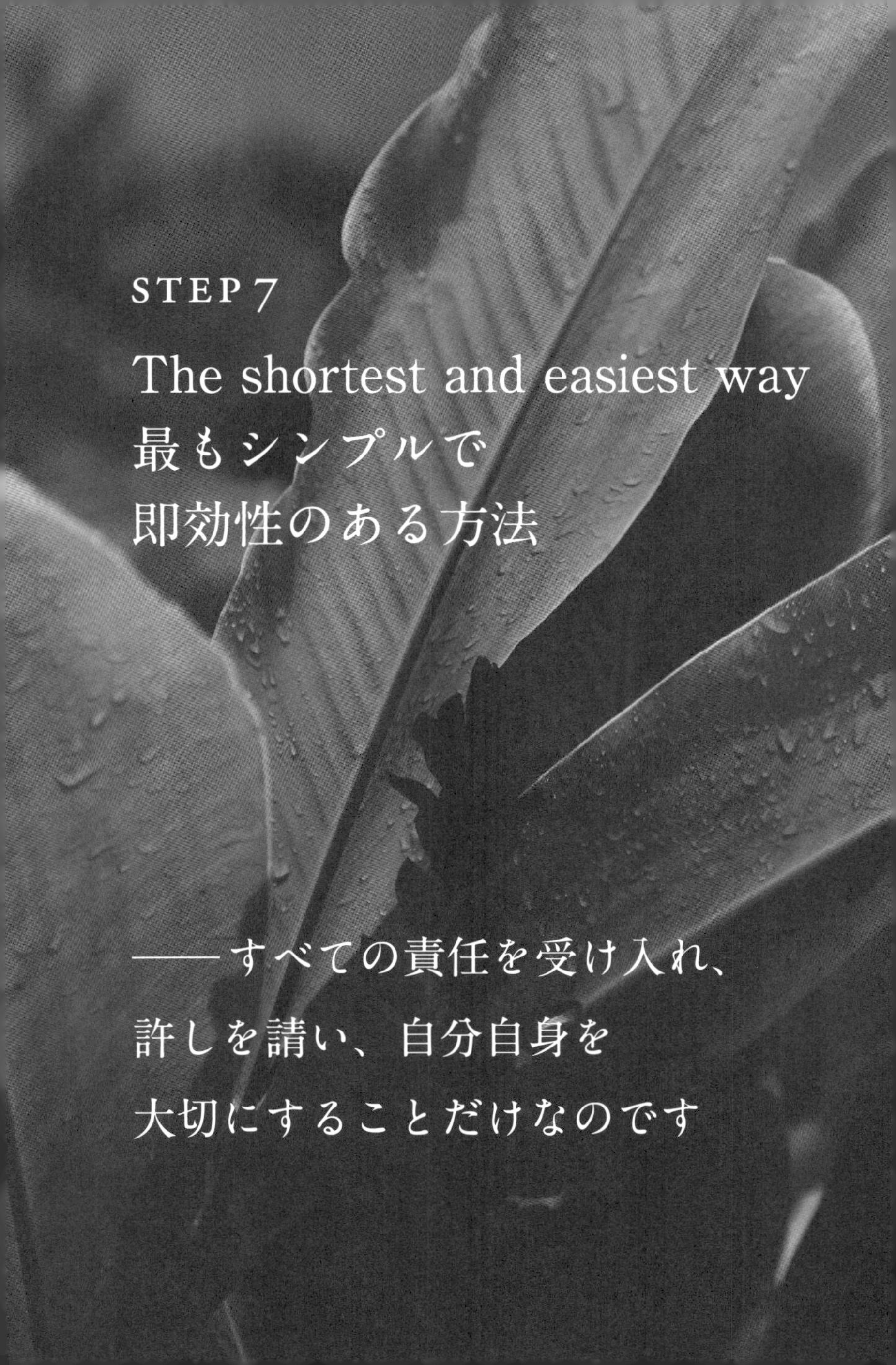

STEP 7

# The shortest and easiest way
# 最もシンプルで即効性のある方法

――すべての責任を受け入れ、
許しを請い、自分自身を
大切にすることだけなのです

覚醒してからの私は、真実探求の道筋を見つけるために様々な方法を試してみました。ですが試行錯誤をすればするほど私の中の何かが、もっと簡単で即効性のある方法があるはずだ、そうつぶやいたのです。とはいっても、ようやくホ・オポノポノにたどり着いたときに、すぐにその真価を理解できたわけではありません。

何度かトレーニングを受けたのちのある日突然、師であるイハレアカラ博士の授業の最中に、これが自分の探し求めてきた技法であり、ほかには何も必要ないことに気付いたのです。その瞬間、私の探究の旅がついに終わったと感じました。ホ・オポノポノの何よりもユニークな点は、教祖を必要としないことです。神的存在と直接コミュニケートするので、媒介を通さずに自分一人で実践ができます。そして実践すべきことは、(「ごめんなさい」「許してください」という言葉を使った)クリーニングと除去だけです。

自分が１００％の責任を持ち、クリーニングさえしていれば、あとはすべて神の手にゆだねておけばいいのです。何の心配もする必要はありません。神様は必ず私たちを絶妙のタイミングでふさわしい場所へ導いてくれます。自分がクリーニングを実践していれば、その他のことは全部任せていいのです。あれこれ心配する必要はありません。

古代の叡智の集大成であるホ・オポノポノは、私に人生を変えるツールを授けてくれました。本章では、この秘法における最も重要なポイントを集約して説明することにしましょう。その基本概念はいたってシンプルです。神様が私たちに求めるのは、すべての責任を受け入れ、許しを請い、自分自身を大切にすること。たったそれだけなのです！

１００％の責任を取る、これが一番の近道なのです。明晰に思考する力を鈍らせている原因がほかならぬ「自分のプログラム」だったと気付けば、外的要因を責めるのをやめて、自分で責任を取る決心がつきます。

そのときに初めて私たちの目の前で天国への扉が開かれ、無限の可能性を秘めた状態に到達することができるのです。

それとは逆に、自分以外の人や事柄に対して不満を抱くと、結局はその行為によって自分を拘束してしまうことになります。自らの嫌悪感で自分を責め、がんじがらめにして、ついには悪感情の奴隷にまで貶めるのですが、こんな生き方は自分自身を傷つけるだけです。

でも「許し」というツールを使えば、自らを解放することができます。許しもまた最も簡単で即効性のある方法の一つなのです。とはいえ、これはあなたの中での作業ですから、相手に「許してあげたから」などと事後報告などをする必要はありません。これは、「ごめんなさい、許してください。こんな状況/問題を作り出したのは、ほかの誰でもなく私なのです」と心で思ったとき、あなたと神様の間で行われるプロセスなのです。

個人的な例を挙げれば、私の場合は怒りに我を忘れるということがなくなりました。でもこれは、無反応になったとか問題が一つもなくなったという意味ではありません。最大の変化は、怒ったとしてもほんの数分しかその感情は続かず、すぐに我に返って平常心に戻れるようになった、という点にあります。そして自分にこう言い聞かせるのです。「この状況を作ったのは自分自身。なぜならこれは他人に対する私の考えだから。自分のプログラムや記録、認識が勝手に作り出したものならば、自分自身で消去できるはず」と。

たったこれだけの簡単なプロセスで私は、言葉では表せないほどおだやかな気持ちに包まれるのです。なぜでしょうか？　それは、「どうして彼は私にこんなことを言うの？　どうして彼女は私にこんなにもひどい仕打ちをするの？」などという考えに縛られる必要がないからです。相手に変わってほしいと思ったり、他人の反応や行動に対して特に期待したりもしません。自分以外の誰かや何かを当てにしなければ、本当におだやかな気持ちでいることができます。
私は自分にも完璧さを求めていませんし、万人に好かれたいとも思っていないので、自分の価値観を他の人に押し付ける必要性も感じません。人はそれぞれに自由意思を持っていて、みんなが同じ選択をするわけではないという事実を理解しつつ尊重することを学んだからです。この事実について思うとき、私は内なる平和をひしひしと実感することができます。問題なんて何もないのです。善悪の区別は、私たちが頭の中で作り出したパラメーター（規定要因）に基づいています。私たちが自分自身を愛し、大切にしていれば、ほかの人たちにも愛情を向けて、慈しむことができるはずです。

ではその自由になるプロセスとは、一体どんなものでしょうか？

まず何よりも、自分の人生の全責任を負うことが必要不可欠です。そして「ごめんなさい、許してください。こんな状況／問題を作り出したのは、ほかの誰でもなく私なのです」と許しを得るための言葉を言えるようになりましょう。このようにして責任を持つことから、許しとトランスミューテーションの過程が始まります。ここで許しているのは自分自身です。私たちは共通の記憶を持っていますから、この共通記憶を消去するという責任を自覚しながら、許しの言葉を言うだけで十分です。

そしてあなたの意識から記憶が消去されれば、同じ記憶が相手からも削除されるのです。とはいえ、このクリーニングを行うのはあくまでも自分のためであって、他人のためではないということを忘れないでください。ほかの誰でもなく自分のためにクリーニングをするわけですが、このプロセスの素晴らしい効果はすべての人にも利益をもたらすはずです。

そして、理性はまったく無知な存在であるという事実を受け入れ、認めることも非常に重要です。私たちの中にある理性とは別の場所が、自分にとって完璧にふさわしいものは何なのか、それを手に入れるために取るべき最善の方法は何かをちゃんと知っているのです。その能力を解放してあげれば、どんな問題に対しても完璧に正しい解決策へと導いてくれるでしょう。

この「クリーニング」の効果を実感するためには、まるで呼吸するように日常的に実践することが大切です。私たちが息をするのを忘れたらどうなるでしょうか？　大変なことになりますよね。実は同じことがクリーニングを怠った場合も起こります。だから日頃から継続して実践することが重要なのです。もちろん私たちも人間ですから、つい忘れたりもするでしょうし、問題に対してどうしても反応してしまうことだってあるでしょう。

大切なのはたとえ「一見」何の変化もないようなときも、また問題など何も起こりそうにないときでも、このクリーニングをできる限り実践することです。どうしてでしょうか？　それは、私たちの意識下では絶えることなく記憶のテープが再生されているからです。自分でも気付かないうちに、自分で録音したプログラムをずっとプレーバックし続けているのです。でも幸いなことに私たちはいつでもこのプログラムを消去できます。そして古いプログラムを削除することによって、新しいアイデアやチャンスを自分の世界に引き寄せたいという意思表示をしているのです。すると思いもしなかった人や場所との新しい出会いがもたらされます。だから、とにかく練習あるのみです。

私たちはこれまでの人生において問題が起こったとき、いつも抵抗したり、思い悩んだりしてきました。そうした対処の仕方に慣れきっているために、ほとんど自動的に従来通りの反応をしてしまうのも無理はありません。私たちは苦悩することにかけてはエキスパートであり、名人であり、別の言い方をすれば、そうした生き方をやめられなくなっているのではないでしょうか。

最初のうちはクリーニングのプロセスを難しいと感じるかもしれませんが、まるで呼吸するように日常生活の中に溶け込ませていけば、自然に持続できるようになります。なぜなら次第に変化を感じ始め、効果が目に見えてくるはずだからです。人生に変化が起こっているのを自覚できるようになったあなたは、深遠な内なる平和を経験することでしょう。

でも、期待は禁物です。大切なのは開かれた柔軟な心を保つこと。チャンスはどこからやって来るのか、誰にもわかりません。自分にふさわしい幸運がきっとやって来る、ただそう信じましょう。自分の希望とは違う場合もあるでしょうが、それがあなたにとってふさわしい恩恵なのです。だからといって、あなたの声が届いていなかったのではありません。神様が試練を与えているのではありませんし、あなたにその価値がないわけでもないのです。

私たちは普遍的宇宙がもたらす驚きを受け入れるべきであり、そう思えたときにはじめて、最高に素晴らしいプレゼントを享受することができるでしょう。望むものには与えられる、それが普遍的宇宙の法則であり、宇宙は必ず応えてくれます。だからこそ、恩恵を受けたいという意思を示すことが大切なのです。そしてその意思表示の方法の一つがホ・オポノポノなのですが、結果にばかり執着しないでください。自分にとって完璧にふさわしい結果が必ずもたらされる、それを確信することで、このホ・オポノポノのツールは効果を発揮するのですから。

潜在意識で再生されているプログラムを消去するためのツールはたくさんありますが、基本中の基本でありながら最も重要なのが、「ありがとう」と「愛しています」の言葉です。心の中で繰り返し「ありがとう、ありがとう、ありがとう」と唱える、これを続けて実践するだけでいいのです。「ありがとう」と「愛しています」の言葉を繰り返すことで、テープの再生を止めて様々な問題を解決してくれるように神様にお願いするのです。

次のような質問をよく聞かれます。「『ありがとう』を実践している最中に人に話しかけられたら、どうやって注意を払えばいいのですか？」。ここで忘れてはならないのは、ほとんどの人は簡単に本音を明かしたりしないということです。ある人が自分の抱えている問題について話すときは、あなたとその人が共有している記憶を消去し、クリーニングするための機会を与えてくれているだけなのです。つまり、彼らは私たちを映し出すスクリーンであり、モニターなのです。

ですから次に誰かに相談されたら、それに対して反応したり、意見やアドバイスを言ったりする前に、「ありがとう」もしくは「愛しています」を心で唱えましょう。

すると結果的に、相手にとって必要だと「あなたが考える」言葉ではなく、「その人が本当に必要としていた」言葉をかけてあげられるはずです。そして大抵の場合は、あなたがあれこれと助言しなくても、何も言わなくても、相手の気分が軽くなったり、まるで魔法のように本人自身がすべての問題への解決策を見つけたりすることができるでしょう。

「愛しています」と「ありがとう」は魔法のような合い言葉です。私も子供やお金のことで心配事があったり、誰かに対する怒りがこみ上げてきたりしたときには、理性がでしゃばっておしゃべりを始めないように気を付けます。そしてひたすら心の中で、「愛しています、愛しています、愛しています」と唱えるのです。

ホ・オポノポノの効果について私は疑ったことさえありませんが、実践すると決めた場合には、結果の出方は人それぞれだということをしっかりと認識しておきましょう。すぐに効果を感じる人もいれば、そうでない人もいます。あるいは、効果は早くから出ていても、「本人が自覚する」のに長い時間がかかるケースもあるのです。

息子のライオネルが16歳のころにケガをしたときにも「ありがとう」と心の中で思いなさいと教えたことがありました。ある日、朝食のときに息子がケガをした箇所を見せてくれました。そこで私は、「ライオネル、『ありがとう』ってちゃんと言った?」と訊ねました。すると、「もちろんだよ、母さん。それでどうなったと思う? 実はね、イライラしたり不安になったりしたときにも『ありがとう』って言ってみるんだけど、すごく気持ちが落ち着くんだ」。この言葉を聞いて私は、痛みが肉体的か精神的かに関係なく、「ありがとう」は効果を発揮するのだということを実感させられたのです。

また別のとき、彼にこう言いました。「ねえライオネル、母さんの話はちょっと変だなと思うときもあるでしょうけど、でも本当に効くのよ」。すると息子はこう答えました。「そんなの、もちろん知ってるよ。前に母さんが学校でも『ありがとう』を言ってみれば、って教えてくれたでしょ？　あの後本当にやってみたら、成績が上がったんだよ」。そういえば、その少し前にライオネルが、信じられないくらい学校の先生たちによくしてもらっていると話していたばかりだったのです。

ここで話しておきたいのが、健康に関わる問題や病気もまた、消去やクリーニングが必要な記憶なのだということです。私たちは普通、痛みや病気の症状を治療しようとしますが、実は問題があるのはその箇所ではありません。問題は記憶の中に潜んでいます。つまりテープが再生されていることが原因なのです！

では一体どのテープに問題があるのか、どうやって見つければいいのでしょうか？　心配することはありません。どの記憶や録音にどんな問題があるかは神（愛）が知っているので、私たちは探す必要がないのです。私たちはすべてをゆだねるという意思を神様に伝えるだけでいいのです。「ありがとう」や「愛しています」を繰り返せば、私たちはどこに何が保管されているかを知らなくても、神様のほうで消去すべき記憶や記録が含まれたテープやプログラムを取り除いてくれます。でもすべてをゆだねるという意思を伝えなければ、神様も手を差し伸べることはできないのです。

長男のジョナサンは、ガールフレンドと言い争いばかりしていました。今度仲たがいしたときは何も言わずに静かに心の中で「愛しています」と繰り返しなさい、と私はアドバイスしました。

それから数日後、話したいことがあると言ってジョナサンが電話をかけてきました。聞けば、またガールフレンドとケンカになったけれど、今度は彼女を叩きたい衝動に駆られたらしく、そのことに彼自身が動揺してしまったそうなのです。私は彼に聞きました。「『愛しています』って言ってみた？」「うん。そのおかげで手をあげずに済んだよ」。息子はそう答えたのです。

なんだか簡単すぎて信じられないという意見も当然あるでしょう。確かに簡単そうに見えますし、実際にプロセス自体はとてもイージーです。一番難しい部分と言えば日常的に実践することでしょうか。人生の至るところで、１００％の責任を持ち、プログラムを消去するチャンスが巡ってきますが、大抵の人は問題に反応してしまいます。思い悩み、自分を主張して、判断を下してしまうのです。でもそれは時間とエネルギーの無駄ではないでしょうか。それよりも、問題とはそれ自体が問題なのではなく、どう対処するかが問題だということを忘れなければいいのです。問題に対する私たちの主張や判断、そして認識の仕方が本当の問題を作り出しているのですから。

記憶を手放そうとせず、テープが再生される度に反応してしまうことの一番の問題は、自分のアイデンティティや本来の姿を犠牲にしているという点です。私たちは常に完璧なまでに正しくありたいという習性を捨てることができないために、そうした行動を取ります。

私たちに与えられた選択肢は二つだけです。ありのままの自分として生きるか、テープの記録に従って生きるのか。神の啓示に導かれるか、何度やってみてもうまくいかなかった古いプログラムにそれでもまだ従うのか。プログラムを消去すればするほど、本来の自分としての経験を楽しむことができます。私たちがこの世に存在する理由はただ一つ、本当の自分を見つけることです。ホ・オポノポノのツールを使ってクリーニングをすることによって、自分の真のアイデンティティを知ることができるのです。

ここで明確にしておきたいのが、ホ・オポノポノのツールを使うことによって、私たちは100％の責任を持ち、「ごめんなさい、許してください。こんな状況／問題を作り出したのは、ほかの誰でもなく私なのです」と許しを得ることができるという点です。つまり記憶を削ぎ落として、すべてを神の手にゆだねるという意思表示をしているのです。

なぜ私たちにはクリーニングが必要なのでしょう？　そしてどうして許しを請うのでしょうか？　それは自由になりたいからです。私たちは欺瞞と苦悩に満ちた人生に、自らを騙しながら生きることに疲れ切っています。そろそろ、本当の自分を発見して、幸せを手に入れて人生を謳歌するべきではないでしょうか。ありのままの自分を愛し、受け入れるべき時期が来ているのです。

幸福こそが人間のあるべき状態です。幸福感に包まれているときはすべてがうまく運ぶとは思いませんか？

人生とは長い旅です。クリーニングし、消去しなくてはいけないものが山ほどあります。つまり24時間、片時も休まずに実践する必要があるのですが、その結果計り知れない恩恵がもたらされるでしょう。そしてそのクリーニングの過程で私たちは愛を経験し、人生を楽しみ、自分がすでに完璧な存在だったことに気付きます。私たちには、ごく自然に必要なものすべてを引き寄せる力があるのです。みんなで自分らしくあること、そして無条件に愛することの意味を学びましょう。

苦しみか幸福か、病んでいるか健康であるか、恐れるのかそれとも愛するのか。選ぶのは自分です。どんな選択をしようと構いません。私たちは選択の自由を授かったのですから。

## クリーニングの方法・手順のおさらい

あなた自身をうんと大切にしてあげてください。
胸いっぱいの愛をこめて。

**【Q&A31.】計画を立てたり、ゴールを設定したりしてはいけないのですか？**

自分に何がふさわしいか、そしていつ手に入れたいかを神様に注文するつもりでしょうか？　神様はあなたのコンシェルジュではありません。ですからもし計画を立てたり、ゴールを設定したりしたとしても、それを捨て去る必要があることを理解してください。クリーニングの過程で遭遇する別方向への道、別のチャンスへの扉に対してオープンな態度を取りましょう。せっかくのチャンスを逃したくはないですから。

**【Q&A32.】アファメーション（肯定的な宣言）をするのはいいですか？**

アファメーションは神様をまるで使用人扱いするようなものです。なぜなら自分にとって何がふさわしくて完璧であるかをあたかも知っているかのように、神に指示を出そうというのですから。

ホ・オポノポノとクリーニングによってあなたは、自分にとって何が完璧にふさわしいかを一番よく知っている神様の助けを受け入れるという意思表示を送っているのです。でしゃばって神様の邪魔をしたり、指図をしたりするべきではありません。

アファメーションはまた、インナーチャイルドに対する無理強いでもあります。あなたがいくら「私はハッピーだ。私はハッピーだ」と繰り返したところで、インナーチャイルドにはそれが嘘か本当かがわかるのですから意味がありません。

## 【Q&A33.】視覚化によるイメージトレーニングはどうですか?

どのツールを使おうとも、それを作り出したのは神様なのです。神の恵み、神のなせる業を目の当たりにすることこそが、私たちにとっての幸せではないでしょうか。そしてそれを作り出すのは人間の仕事ではないのです。

あなたがすべきことは、ホ・オポノポノの言葉を口にしてクリーニングを実践するだけで、あとは神様がすべてを作り上げてくれます。あなたにとって完璧で最もふさわしいものをもたらすのは神様の仕事であり、どの色を使うべきか、どういうやり方でどんな結果にするべきかなどを指図するべきではないのです。アファメーションもイメージトレーニングも結局は神様に指示を出しているということを忘れないでください。

例えばあなたが「ありがとうのツール（ただ心の中でありがとうございます、ありがとうございます、ありがとうございますと繰り返す方法）」を使ったとしましょう。あなたが毎回同じ言葉を言っているのにもかかわらず、神様はその度に違う結果を与えてくれるでしょう。なぜなら、神様はその時点で何がその人にとって完璧にふさわしいかを知っているからです。だからあなたはただ言葉を口にするだけでいいのです。

【Q&A34.】存在の意義とは何でしょうか？

私たちは償いをするため、偽りの自分を捨て去り、真の自己を見つけるためにこの世に存在しています。不要なものを削ぎ落とし、記憶を消去するプロセスを通じて、本当の自分自身を再発見するためこの世に生きているのであり、お金儲けや恋愛のために存在しているのではありません。

私たちのこの世における人生の意義とは、クリーニングをしてありのままの自分でいるという点に集約されます。そして自分自身でいれば、自然とその他の結果が決まってくるのです。

【Q&A35.】フナとホ・オポノポノは同じものですか？

いいえ、ホ・オポノポノとフナは別のものです。フナは人間によって考案され、作り上げられましたが、ホ・オポノポノは他の銀河系からもたらされました。

フナは、自分にふさわしいとその人が考える事柄を引きつけるようにインナーチャイルドに要求するという方法論の上に成り立っていますが、ホ・オポノポノは「愛」を基盤にしているのです。

## 【Q&A36.】ホ・オポノポノは「ザ・シークレット」と同じですか？

「ザ・シークレット」では、人間が自分の欲しいものを神に教えていますが、ホ・オポノポノにおいては私たちが神の導きに身をゆだねるのであって、こちらから神に対して指示を出すわけではありません。

「ザ・シークレット」は、私たち人間が自らの思考をすべて自覚していること、さらには自分にとって何がふさわしく何が完璧であるかを理解していることを前提としています。

かたやホ・オポノポノは、それぞれの人にとって完璧にふさわしいものを知っているのは神様だけだということを私たちに教えてくれるのです。

私たち人間は、1秒間にわずか15ビットの速度でしか情報を認識できないと気付くことが大切なのではないでしょうか。実は私たちの中には毎秒1100万ビット以上の情報が存在しているのですが、まるでボリュームを落としたままCDを再生しているCDプレーヤーと同じで（先ほど挙げた例を覚えていますか？）そのことに気付いていないのです。

アファメーションをするとき、人間はその認識可能な15ビットを操作しているに過ぎませんが、本人が気付かないだけで実際は1100万ビット以上の情報が再生されているのですから！　その点ホ・オポノポノは、きわめて自然に1100万ビットの情報に働きかけているのです。

愛しています
ありがとう
delete
実践
テキスト
ごめんなさい
許してください
インナー
チャイルド

# おわりに

幸福、愛、富と平和を手にするために、
本書を何度も読み返してくれることを願っています

ホ・オポノポノを広めるために世界中を旅しているうちに私は、大勢の人たちが同じ疑問や関心事を共有していることに気が付きました。そして世に出回っている情報の中には、明確さに欠けているために混乱を招きかねないものがあることも知っています。

さらには、私たちがこれまで学んできた知識から解放され、プログラミングされてきた固定観念を捨て去るには、何度も繰り返し話を聞いて、本を読み返すことが唯一の方法だということもわかっているつもりです。私の経験から言って、不要なものを削ぎ落とすためには理性で理解する必要性はあまりないでしょう。

読者の皆さんなら私のスタイルはもうご存じかもしれませんが、質問は大歓迎です。なぜならインスピレーションを受ける絶好のチャンスだからです。

Q&Aのコーナーでは世界中で行っているホ・オポノポノのトレーニングでよく聞かれる質問とそれについての回答をまとめてみました。

Q&Aのコーナーが読者の皆さんが疑問を晴らして、さらにクリーニングを続ける手助けになることを願ってやみません（クリーニングについても本章で説明しています)。

ホ・オポノポノを実践することによって皆さんが結果を得ることができ、私たちみんなが恩恵を授かることを私は確信しています。ホ・オポノポノによって、私たちは100%の責任を取る方法を学ぶことができるのです。

ホ・オポノポノによって自分本来のものではなかった固定観念から解放され、本当の自分を見いだし、愛することができるようになります。そして自分を愛し受け入れることができてはじめて、人は他人を愛し受け入れることができるのです。

自分自身を発見することで、秘めていた情熱を見いだすことができるでしょう。自分の情熱と信頼を見いだすことで、本来の目的を見つけることができます。自分の目的と好きなことを見つけることができれば、今度はお金が入ってきます。自分の好きなことをやっていれば、当然幸せを感じることができますよね。あなた自身が適切な場所に適切なタイミングでいられるようになると、ほかの人たちも同調するようになります。１００％の責任を取ることが、幸福、愛、富と平和を手に入れる"The Easiest Way"「一番簡単な方法」なのです。

本書が読者の皆さんの役に立てばこんなにうれしいことはありません。

どうか意識のレベルを高く保って、ホ・オポノポノのクリーニングを続けてください。何かを学ぶ前には、あらかじめ頭の中の知識を整理する必要がありますが、皆さんがその学習プロセスにおいて、本書を何度も読み返してくれることを願っています。

この本を手に取る度に、何か新しい発見があるはずですが、それは皆さんがこの瞬間にも新しい存在へと変化を遂げているからにほかなりません。期待から解放された状態でホ・オポノポノの実践を継続すれば、まるで魔法のような結果を経験して、より幸福な気持ちになり、平和を見いだし、そして自分自身を自由にすることができると信じています！

皆さんに神のお恵みがありますように。

# 謝辞

皆さんに感謝を捧げます。

偉大なる神の忍耐力と愛情に、そして私が気付かないときでもいつもそばにいてくださることに感謝します。

私の師であるイハレアカラ・ヒューレン博士へ、インスピレーションと素晴らしいチャンスを与え、導いてくださることに、そして私に辛抱強く付き合ってくださることに感謝しています。この本は博士から学んだこの4年間の集大成です。

カマイラウリィ・ラファエロヴィッチ女史、あなたのたぐいまれなる勤勉さとその叡智に、そして忍耐強さと献身に感謝します。

ザ・ファウンデーション・オブ・アイ・インク（the foundation of I, Inc）の方々へ、その多大なる貢献と尽力に、そして数々の資料を提供してくださったことに。

トニー・ローズへ、いつも前向きなサポートと提案をありがとう。ラジオの反響のすごさや良い手応えについて話した私に、すぐさま「だったら本を書くべきだよ」と助言してくれたのがあなたでした。まさにその瞬間、私にとってこの本を書き上げることがいかに重要か気付いたのです。

ベティーナ・ラポポートへ、私が「地に足をつけて」いられるようにいつもそばで支えてくれてありがとう。そのおかげでアイデアやプロジェクトをじっくり練り直すことができるのですから。

マリア・マイヤーへ、本書に携わった最初の編集者であるマリアにお礼を言います。この本があなたの役に立っていると言ってくれたおかげで、ずいぶんと勇気づけられました。

フェルナンド・ゴメス氏へ、あなたの助言は勇気の源です。特に、その豊富な経験からくる言葉には助けられます。

ディアナ・バローリへ、あなたの冷静で明晰な考え方に感謝します。たくさんのパズルのピースを一つにまとめるようなこの本の作業は、あなたなしでは到底完成しませんでした。

私の母へ、私にこの世界を体験するチャンスを与えてくれてありがとう。そして私が人生において様々なプロジェクトや決断や劇的変化を経験しているときにいつも変わらず支えてくれることに感謝します。

ミルタ・J・アトラスとフリオ・ルブリナマンの二人へ、あなたたちの鋭い視点からすすめてくれた数々の参考文献のおかげで、私は人間的に驚くほど成長できました。

アレハンドロ・カッツ、あなたの家族に対する愛情と献身のおかげで、今の私があるのです。

フリア・ハコボ、私の子供たちに注いでくれる温かさ、愛情、献身、そしてあなたのサポートすべてに対して感謝します。

シエロ・ミルスティン女史、Q&Aのコーナーでの多大なる協力に対してお礼を言います。

エレン・リード女史、私の出版エージェントである彼女に感謝します。この本を出版するにあたっては、あらゆる段階で彼女の専門知識に大いに助けられました。

そして人生の節々で出会った人たち、そしてこれから出会うであろうすべての人々に、感謝の気持ちを捧げます。

ありがとう。心からありがとうございます。

## 著者について

マベルはアルゼンチンで生まれ、その後１９８３年にアメリカへと渡り、ロサンゼルスに落ち着きます。そこで彼女は優秀な会計士として、また税理士として活躍しました。

１９９７年、マベルは自分の会社、ユア・ビジネス社（Your Business, Inc.）を立ち上げます。その後彼女はビジネスで成功を収めただけでなく、他者とより直接的に共同作業する能力を開花させました。ユア・ビジネス社は、事業の拡大と成長のためのサポートのみならず、起業家の支援や税金対策などの経済プラン作成なども行い、発展を遂げてきました。

最初の著書としてマベルはホ・オポノポノの手法をとてもシンプルかつわかりやすく紹介した本書『The Easiest Way（訳注：一番簡単な方法／一番の近道）』を執筆しました。

ホ・オポノポノはハワイの伝統文化において受け継がれてきた古い教えであり、その前提となるのは、「人生はそんなに難しくはない」という考えです。

人生を困難にしているのはほかならぬ自分自身であり、私たちはみな、自分の行く手をさえぎるような生き方を改める方法を学ぶべきだと提唱しています。古くから伝わるこの秘法を読者がより明確に理解できるように、マベルは様々な例や寓話を挙げて説明してくれます。

彼女の近著『The Easiest Way to Understanding Ho'oponopono The

Clearest Answers to Your Most Frequently Asked Questions- Volume 1,in Digital eBooklet & Audio Set（訳注：ホ・オポノポノを理解する一番の近道　最もよく聞かれる質問に、最もわかりやすくお答えします――第1巻　電子版　書籍&音声セット）』でも、世界中から寄せられる質問に答えるというQ&A集という形をとりながら、非常にわかりやすくホ・オポノポノを解説しています。

ホ・オポノポノを広めるために世界中を旅するうちに、多くの人が同じような疑問や不安を抱いていることに気付いたのがきっかけで、マベルはこの本を書くことを思いつきました。本書を読めばホ・オポノポノのテクニックや原理を理解し、日常の暮らしの中で実践できるようになることでしょう。

そのほかには、共著者としてマベルが参加した『Inspiration to Realization（訳注：目覚めへのいざない）』があります。様々な分野で活躍する四十名にも及ぶ女性たちと作り上げたこの本は、ビジネス、プライベート、経済や精神世界といった多岐にわたるシーンで彼女たちがどうやって目標を達成できたのか、実体験を元に語ったアドバイスの集大成です。

その中でマベルが紹介しているのは、人生の見方を変え、新しい「本当の」自分像を構築するためのいくつかのシンプルな考え方とその手順であり、あなたが求めている成功を手に入れるために応用することが可能です。

さらにマベルは『Thank God I... Vol. 1（訳注：神への感謝　私は…第一巻)』にも寄稿しています。この本には、普通の暮らしを送っていた人々が、どうやって人生最大の難関を乗り越え、のちにその出来事に感謝できるようになったのかが綴られています。

『Thank God I...』は、人類のスピリチュアル性について考察した本の中でも数世紀に一度でるかでないかの最も素晴らしい作品だと評価されています。彼女が書いた「Thank God I Left My Kids（神への感謝　私が子供のもとを離れた時）」という章で語られるのは、自分探しの旅のためにわが子のもとを去るという、マベルの人生の中で最も辛い決断についてです。そして、一見心を引き裂くような不幸な出来事の数々が、実は神の思し召しであり、感謝すべき事なのだと彼女は説明しています。

また自らが下した決断が、いかにして自分だけでなく子供たちにとっても究極的に素晴らしい神の恩恵となったのかを語っているのです。

ホ・オポノポノの世界的権威の一人として知られるマベルですが、そのわかりやすいシンプルな解説と洗練された語り口のおかげで彼女の教えは言語の壁を越えて広く愛されています。その証拠に本書『The Easiest Way』は現在、スペイン語、韓国語、ポルトガル語、スウェーデン語、ドイツ語、フランス語、ヘブライ語、ロシア語、そしてルーマニア語といった言語に翻訳されています。

ロサンゼルスのラテンアメリカ系移民コミュニティのスターでもあるマベルは、数多くのラジオやテレビの人気番組でホスト役を務めました。『Despertar（目覚め）』という番組では、ラテンアメリカ系移民の人々に起業家になって、充実した人間関係や経済的成功を手に入れるためのノウハウを伝授しました。

最近の出演番組『The Mabel Katz Show（マベル・カッツ・ショー）』は、『オプラ』やスージー・オマーン、レイチェル・レイのトークショーと『アプレンティス』のようなリアリティ番組を融合させたショーで、スペイン語系テレビ番組の中でも他に類を見ないユニークな内容を誇っていました。（訳注：オプラはOprah Winfrey Show［オプラ・ウィンフリーが司会のトークショー］、スージー・オマーンはSuze Orman Show［スージー・オマーン司会のトークショー］、アプレンティス［有名実業家が十数名の候補者の中から事業を任せるための〝見習い〟The Apprentice を決めるために視聴者投票で最後の一人を決める」はリアリティ・ショー、レイチェル・レイは Rachel Ray Show［レイチェル・レイ司会のトークショー」）

事業を立ち上げてから10年後、マベルは成功を収めていた会計士やトークショーの司会者の地位を捨てて、新たな情熱を追い求める決意を固めました。現在彼女はホ・オポノポノの教えを広めるために世界中を飛び回り、多種多様な文化や言語圏の人たちにインスピレーションを与えています。

こうした個人的功績や精神活動に対する惜しみない努力が認められ、マベルは地域の枠を超えて、国内外で高い評価を受けるようになりました。

アメリカ国内では、ロサンゼルス商工会議所より2005年度ビジネス・ウーマン・オブ・ザ・イヤーを、また2006年にはソル・アステカ・アワード、そしてラテン・ビジネス・アソシエーションズメンバーズ・チョイス・アワードという賞を授与されました。さらに同年、アメリカの高名な賞であるアナ・マリア・アリアス・メモリアル・ビジネス・アワードの、九人の受賞者のうちの一人にも選ばれています。

著者が発信するホ・オポノポノ情報

マベルの著書

http://www.mabelkatz.com/products_books.html

本書『The Easiest Way』に書かれているホ・オポノポノの教えと、マベルの心の旅をさらに探求してみませんか。

マベルのホ・オポノポノニュース

http://hooponoponoway.com

ホ・オポノポノに関するヒント集やニュース、最新情報を無料で受け取りましょう。

マベルのブログ、フォーラム、ニュースなど

http://hooponoponoway.com

ホ・オポノポノに関するマベルの最新のブログや記事、ニュースをチェックしましょう。ホ・オポノポノに関するあなたのストーリーやコメントを書き込んだり、フォーラムに参加して質問したりすることもできます。

マベル・カッツ公式ホームページ

http://MabelKatz.com

マベル・カッツのイベント情報のほかに、音声やビデオなどの無料コンテンツも充実。

ユア・ビジネス ,Inc.
http://BusinessByYou.com
マベル・カッツとイハレアカラ・ヒューレン博士が、ホ・オポノポノの教えを通して愛情や豊かさ、そして幸福を見つける方法を伝授します。
ホ・オポノポノ関連のイベント、ビデオ、オーディオ、そしてCeeports® のアイテムについての情報もこちらで。

マベルのRSSニュースフィード
http://hooponoponoway.com/feed
メールやお好きなRSSリーダーで、いつでもマベルのブログニュースが受信できます。

The Easiest Way アフィリエイトプログラム
http://MabelKatz.com/affiliates.htm

アフィリエイト会員になって、たくさんの人々に『The Easiest Way』を広める活動を通してお互いを励まし合いませんか。

ツイッターでマベルをフォロー
http://twitter.com/MabelKatz
ホ・オポノポノ探求の旅に関するマベルの最新のつぶやきをチェックしましょう。

マベルの動画をYoutubeで
http://youtube.com/MabelKatz
Youtubeのマベルのページでは、彼女のビデオやインタビューを見ることができます。

著者マベル・カッツの紹介については、198p～205pを参照。

小林美香　こばやし みか
英国立サリー大学ローハンプトン校人文学部卒業。専攻は応用英語学と映画研究。日本と英国を拠点にライター、翻訳・通訳者として活動中。訳書に『あの世の「天使」に助けられて生きよう！』（コリン・フライ著）、『ポジティブ・エナジーに包まれる生き方〔完全ガイド〕』（アン・ジョーンズ著）（いずれも徳間書店）など。

こんなに簡単でいいの？

# ［新装版］生き方楽々ホ・オポノポノ

こころの芯から輝きだす満足度120パーセントの幸せ

第一刷　2020年8月31日

著者　マベル・カッツ
訳者　小林美香

発行人　石井健資
発行所　株式会社ヒカルランド
〒162-0821 東京都新宿区津久戸町3-11 TH1ビル6F
電話 03-6265-0852　ファックス 03-6265-0853
http://www.hikaruland.co.jp　info@hikaruland.co.jp
振替　00180-8-496587

本文・カバー・製本　中央精版印刷株式会社
DTP　株式会社キャップス
編集担当　伊藤愛子


ISBN978-4-86471-878-3

地上の星☆ヒカルランド　銀河より届く愛と叡智の宅配便

[新装版] さとりのホ・オポノポノ
手放すほどに豊かになれる楽園ハワイの魔法
著者：マベル・カッツ
訳者：石原まどか
序文：イハレアカラ・ヒューレン博士
四六ソフト　予価 1,800円+税

26のホ・オポノポノ
誰もが幸せに生きる街マルヒア
著者：マベル・カッツ
訳者：伊藤功＋伊藤愛子
四六ソフト　本体 2,000円+税

voicy

愛すべきズッコケキャラ☆
株式会社ヒカルランド 代表取乱役
**石井健資 社長**

謎のインスタストーリーズ芸人！
クリエーター／パーソナルトレーナー
神社インフルエンサー
**Yuki Yagi**

八ヶ岳 えほん村館長
絵本作家だけど、本業は魔女 !?
**majoさん**

宇宙とつながる光の柱
「あわのうた」の美しい伝道師
**SUMIKO! さん**

愛に満ちた宇宙のしずく
ヒカルランドみらくるのキュートな妖精
**みらくるちゃん**

## ★《AWG》癒しと回復「血液ハピハピ」の周波数

**生命の基板にして英知の起源でもあるソマチッドがよろこびはじける周波数をカラダに入れることで、あなたの免疫力回復のプロセスが超加速します！**

世界12カ国で特許、厚生労働省認可！　日米の医師＆科学者が25年の歳月をかけて、ありとあらゆる疾患に効果がある周波数を特定、治療用に開発された段階的波動発生装置です！ 神楽坂ヒカルランドみらくるでは、まずはあなたのカラダの全体環境を整えること！　ここに特化・集中した《多機能対応メニュー》を用意しました。

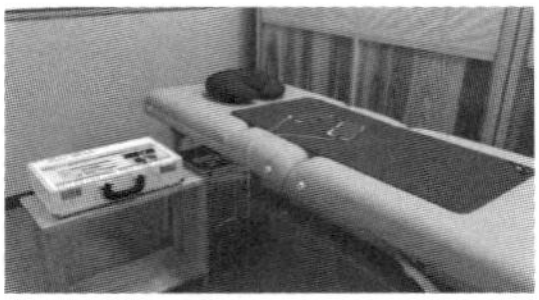

※180分／24,000円のコースもあります。
※妊娠中・ペースメーカーご使用の方にはご案内できません。

A．血液ハピハピ＆毒素バイバイコース
　（AWG コード003・204）　60分／8,000円
B．免疫 POWER UP　バリバリコース
　（AWG コード012・305）　60分／8,000円
C．血液ハピハピ&毒素バイバイ&免疫 POWER UP
　バリバリコース　120分／16,000円
D．水素吸入器「ハイドロブレス」併用コース
　60分／12,000円
E．脳力解放「ブレインオン」併用コース　60分／12,000円
F．AWG プレミアムコース　9回／55,000円　60分／8,000円×9回
　※その都度のお支払いもできます。

**AWGプレミアムメニュー**

1つのコースを一日1コースずつ、9回通っていただき、順番に受けることで身体全体を整えるコースです。2週間～1か月に一度、通っていただくことをおすすめします。

①血液ハピハピ＆毒素バイバイコース　②免疫 POWER UP バリバリコース
③お腹元気コース　④身体中サラサラコース
⑤毒素やっつけコース　⑥老廃物サヨナラコース

## ★音響免疫チェア《羊水の響き》

**脊髄に羊水の音を響かせて、アンチエイジング！**
**基礎体温1℃アップで体調不良を吹き飛ばす！**
**細胞を活性化し、血管の若返りをはかりましょう！**

特許1000以上、天才・西堀貞夫氏がその発明人生の中で最も心血を注ぎ込んでいるのがこの音響免疫チェア。その夢は世界中のシアターにこの椅子を設置して、エンターテインメントの中であらゆる病い／不調を一掃すること。椅子に内蔵されたストロー状のファイバーが、羊水の中で胎児が音を聞くのと同じ状態をつくりだすのです！　西堀貞夫氏の特製 CD による羊水体験をどうぞお楽しみください。

A．自然音 A コース「胎児の心音」　60分／10,000円
B．自然音 B コース「大海原」　60分／10,000円
C．「胎児の心音」「大海原」　120分／20,000円

# 神楽坂ヒカルランド
# みらくる
# Shopping & Healing

## 神楽坂《みらくる波動》宣言！

神楽坂ヒカルランド「みらくる Shopping & Healing」では、触覚、聴覚、視覚、嗅（きゅう）覚、味覚の五感を研ぎすませることで、健康なシックスセンスの波動へとあなたを導く、これまでにないホリスティックなセルフヒーリングのサロンを目指しています。ヒーリングは総合芸術です。あなたも一緒にヒーリングアーティストになっていきましょう。

---

### ★ TimeWaver《タイムウエイバー》

---

**時間も空間も越えて、先の可能性が見える！**
**多次元量子フィールドへアクセス、新たな未来で成功していく指針を導きだします。**

空間と時間を超越したヒーリングマシン「TimeWaver」は、抱えている問題に対して、瞬時に最適な指針を導き出します。タイムマシンの原理を応用し12次元レベルから見た情報を分析。肉体的なレベルだけではなく、チャクラや経絡、カルマ、DNA、遺伝的な要因など広い範囲にわたる情報フィールドにアクセスし、問題の原因を見つけます。「目標に対しての戦略エネルギー」、「ご自身や周りにいる人々のマインドエネルギー」などを分析し、最も効率よく最大限の成功へと導く道標を示し、さらに時空からその成功をサポート。すごい時代になりました！

**初回 60分／35,000円　　2回目以降 60分／25,000円**

**ご来店**

事前にご自身がお一人で写っている顔写真の画像と、生年月日などのデータをお送りいただきます。特に体に何かつける、横になるなどはなく、オペレーターと画面を見ながらセッションを進めていきます。

**遠隔セッション**

TimeWaver がアクセスするのは、量子フィールド。お一人で写っているご自身の顔写真と生年月日などの情報があれば、アプリや、お電話などでの遠隔セッションが可能です。プライベートなお話のできる静かな場所で、椅子などにゆっくり座りながらお受けください。

## ★植物の高波動エネルギー《ブルーライト》

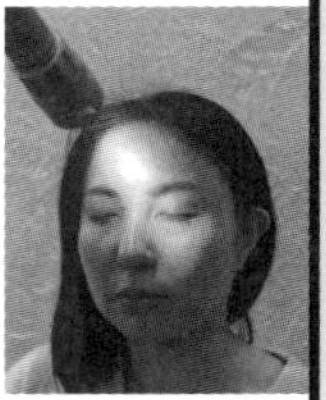

高波動の植物の抽出液を通したライトを頭頂部などに照射。抽出液は13種類、身体に良いもの、感情面に良いもの、若返り、美顔……など用途に合わせてお選びいただけます。より健康になりたい方、心身の周波数や振動数を上げたい方にピッタリ！

A．健康コース　7か所　10〜15分／3,000円
B．メンタルコース　7か所　10〜15分／3,000円
C．健康＋メンタルコース　15〜20分／5,000円
D．ナノライト（ブルーライト）使い放題コース　30分／10,000円

## ★ソマチッド《見てみたい》コース

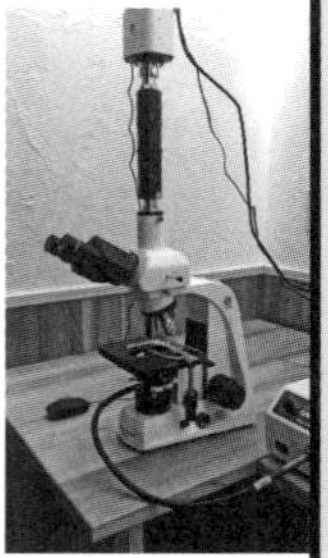

あなたの中で天の川のごとく光り輝く「ソマチッド」を暗視野顕微鏡を使って最高クオリティの画像で見ることができます。自分という生命体の神秘をぜひ一度見てみましょう！

A．ワンみらくる　1回／1,500円（5,000円以上の波動機器セラピーをご利用の方のみ）
B．ツーみらくる（ソマチッドの様子を、施術前後で比較できます）2回／3,000円（5,000円以上の波動機器セラピーをご利用の方のみ）
C．とにかくソマチッド　1回／3,000円（ソマチッド観察のみ、波動機器セラピーなし）

## ★脳活性《ブレインオン》

聞き流すだけで脳の活動が活性化し、あらゆる脳トラブルの予防・回避が期待できます。集中力アップやストレス解消、リラックス効果も抜群。緊張した脳がほぐれる感覚があるので、AWGとの併用がおすすめです！

30分／2,000円
脳力解放「ブレインオン」AWG併用コース
60分／12,000円

## ★激痛！ デバイス《ドルフィン》

長年の気になる痛み、手放せない身体の不調…たったひとつの古傷が気のエネルギーの流れを阻害しているせいかもしれません。他とは全く違うアプローチで身体に氣を流すことにより、体調は一気に復活しますが、痛いです！！！

A．エネルギー修復コース 60分／15,000円
B．体験コース 30分／5,000円

## ★量子スキャン＆量子セラピー《メタトロン》

**あなたのカラダの中をDNAレベルまで調査スキャニングできる**
**量子エントロピー理論で作られた最先端の治療器！**

筋肉、骨格、内臓、血液、細胞、染色体など――あなたの優良部位、不調部位がパソコン画面にカラーで6段階表示され、ひと目でわかります。セラピー波動を不調部位にかけることで、その場での修復が可能！
宇宙飛行士のためにロシアで開発されたこのメタトロンは、すでに日本でも進歩的な医師80人以上が診断と治癒のために導入しています。
A.B.ともに「セラピー」「あなたに合う／合わない食べ物・鉱石アドバイス」「あなただけの波動転写水」付き

**A.「量子スキャンコース」　60分／10,000円**
あなたのカラダをスキャンして今の健康状態をバッチリ6段階表示。気になる数か所へのミニ量子セラピー付き。

**B.「量子セラピーコース」**
**120分／20,000円**
あなたのカラダをスキャン後、全自動で全身の量子セラピーを行います。60分コースと違い、のんびりとリクライニングチェアで寝たまま行います。眠ってしまってもセラピーは行われます。

## ★脳活性《ブレイン・パワー・トレーナー》

脳力UP＆脳活性、視力向上にと定番のブレイン・パワー・トレーナーに、新メニュー、スピリチュアル能力開発コース「0.5Hz」が登場！　0.5Hzは、熟睡もしくは昏睡状態のときにしか出ないδ（デルタ）波の領域です。「高次元へアクセスできる」「松果体が進化、活性に適している」などと言われています。

**Aのみ　15分／3,000円　　B～F　30分／3,000円**
**AWG、羊水、メタトロンのいずれか（5,000円以上）と同じ日に受ける場合は、2,000円**

**A.「0.5Hz」スピリチュアル能力開発コース**
**B.「6Hz」ひらめき、自然治癒力アップコース**
**C.「8Hz」地球と同化し、幸福感にひたるコース**
**D.「10Hz」ストレス解消コース**
**E.「13Hz」集中力アップコース**
**F.「151Hz」目の疲れスッキリコース**